LES **C**lassiques **Bordas**

Molière

Dom Juan

Ouvrage publié sous la direction de
Marie-Hélène Prat

Édition présentée par
Gabriel Conesa
Professeur des Universités

www.universdeslettres.fr

Voir « LE TEXTE ET SES IMAGES » p. 130
pour l'exploitation de l'iconographie de ce dossier.

1. Philippe Torrenton (DOM JUAN) dans la mise en scène de Philippe Torreton, théâtre Marigny, 2007.

IMAGES DE DOM JUAN

2. Arnaud Denis (DOM JUAN) dans la mise en scène d'Arnaud Denis, théâtre 14, 2014.

3. Andrzej Seweryn (DOM JUAN) dans la mise en scène de Jacques Lassalle, Comédie-Française, 1993.

4. Jeanne Balibar (ELVIRE), Roland Bertin (SGANARELLE), Andrzej Seweryn (DOM JUAN) dans la mise en scène de Jacques Lassalle, Comédie-Française, 1993.

5. Carlo Brandt (SGANARELLE) et Philippe Avron (DOM JUAN) dans la mise en scène de Benno Besson, Maison des Arts de Créteil, 1987.

6. Loïc Corbery (DOM JUAN), Suliane Brahim (ELVIRE) et Serge Bagdassarian (SGANARELLE) dans la mise en scène de Jean-Pierre Vincent, Comédie Française, 2012.

7. Elisa Sergent (CHARLOTTE), Christophe Allwright (DOM JUAN) et Valérie Roumanoff (MATHURINE) dans la mise en scène de Colette Roumanoff, théâtre Fontaine, 2003.

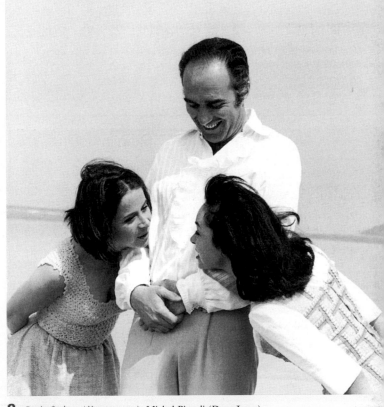

8. Josée Steiner (CHARLOTTE), Michel Piccoli (DOM JUAN),
Françoise Caillaud (MATHURINE) dans la réalisation de Marcel Bluwal
pour la télévision, 1965.

DOM JUAN SÉDUCTEUR

9. Claude Grognet (LE PAUVRE), Philippe Gouinguenet (SGANARELLE) et Christophe Allwright (DOM JUAN), dans la mise en scène de Colette Roumanoff, théâtre Fontaine, 2003.

10. Jacques Angeniol (LE PAUVRE), Pierre Arditi (DOM JUAN) et Marcel Maréchal (SGANARELLE) dans la mise en scène de Marcel Maréchal, théâtre de la Criée, 1988.

11. Gilbert Vilhon (SGANARELLE), Marc Delsaert (LE PAUVRE), Jean-Claude Durand (DOM JUAN) dans la mise en scène d'Antoine Vitez, théâtre de l'Athénée, 1978.

12. Joris Avodo (DOM LOUIS) et Simon Eine (DOM JUAN) dans la mise en scène de Marc Sussi, théâtre de la Bastille, 2010.

13. François Chaumette (Dom Louis), Andrzej Seweryn (Dom Juan) et Roland Bertin (Sganarelle) dans la mise en scène de Jacques Lassalle, Comédie-Française, 1993.

LA TRANSGRESSION DE L'AUTORITÉ

14. Alexandre Evariste Fragonard, *Dom Juan et la statue du commandeur*
(Strasbourg, Musée des Beaux-Arts).

15. Michel Piccoli (DOM JUAN) dans la réalisation de Marcel Bluwal pour la télévision, 1965.

16. Ruggero Raimondi (DON GIOVANNI) dans le film *Don Giovanni*, de Joseph Losey, 1979.

17. Scène du film *Dom Juan*, de Jacques Weber, 1998.

18. Philippe Avron (Sɢᴀɴᴀʀᴇʟʟᴇ) dans la mise en scène de Roger Planchon, théâtre national de l'Odéon, 1980.

UNE TRAGÉDIE ?

REGARDS
SUR L'ŒUVRE

1610		1643	1661		1715

| HENRI IV | | LOUIS XIII | MAZARIN | LOUIS XIV | |

| | 1606 | CORNEILLE | 1684 | |

| | | 1621 | LA FONTAINE | 1695 |

| | | **1622** | **MOLIÈRE** | **1673** |

| | | | 1639 | RACINE | 1699 |

| | | | 1645 | LA BRUYÈRE | 1696 |

ŒUVRES DE MOLIÈRE

1646 *La Jalousie*
du Barbouillé
1655 *L'Étourdi*
1656 *Le Dépit amoureux*
1659 *Les Précieuses*
ridicules
Le Médecin volant
1660 *Sganarelle ou*
le Cocu imaginaire
1661 *Dom Garcie de Navarre*
L'École des maris
Les Fâcheux
1662 *L'École des femmes*
1664 *Le Mariage forcé*
La Princesse d'Élide
Le Tartuffe
(première version)
1665 **Dom Juan**
L'Amour médecin
1666 *Le Misanthrope*
Le Médecin malgré lui

1667 *Le Sicilien ou*
l'Amour peintre
L'imposteur (deuxième
version du *Tartuffe*)
1668 *Amphitryon*
George Dandin
L'Avare
1669 *Monsieur*
de Pourceaugnac
Le Tartuffe
(troisième version)
1670 *Les Amants*
magnifiques
Le Bourgeois
gentilhomme
1671 *Les Fourberies*
de Scapin
La Comtesse
d'Escarbagnas
1672 *Les Femmes savantes*
1673 *Le Malade imaginaire*

LIRE AUJOURD'HUI
DOM JUAN

Dom Juan est, sur le plan formel, l'œuvre la moins classique de Molière : les unités* de lieu et de temps n'y sont pas respectées, l'apparente unité d'action n'est due qu'à la présence constante du héros en scène ; quant aux sacro-saintes bienséances, elles y sont quelque peu malmenées. Pourtant, la pièce est un classique, car elle traverse le temps sans prendre une ride et continue de nous envoûter. Par-delà les questions propres à son époque, elle aborde, à travers un mythe moderne qui n'a cessé d'inspirer les créateurs européens, l'éternel problème de la liberté individuelle de l'homme et de son désir brut confronté à la règle morale, sociale ou religieuse.

Cette œuvre aux résonances mystérieuses a immédiatement fasciné le public et tout à la fois inquiété les autorités civiles et religieuses, déjà sensibilisées par l'affaire du *Tartuffe* ; au point que Molière a dû, dès la deuxième représentation, remanier certains passages, puis rapidement la retirer de l'affiche, sans doute à la demande du roi qui voulait apaiser la cabale des dévots. Elle dérangea si longtemps que c'est une version édulcorée de Thomas Corneille que l'on jouera jusqu'au XIXᵉ siècle !

Le *Dom Juan* de Molière surpasse de très loin ceux de ses prédécesseurs et de ses contemporains, non seulement en raison de la beauté de la langue et de la complexité de son héros, mais surtout de son ambiguïté constante. Tournant le dos à son esthétique habituelle et délaissant pour une fois ses héros clairs et relativement univoques, Molière crée ici une comédie dont le sens est en suspens ; et l'on ne sait trop si son protagoniste* n'est pas, à certains moments, plus séduisant qu'inquiétant, et si le châtiment du Ciel suffit à assurer la moralité de la pièce. De sorte que cette œuvre « ouverte » n'a jamais cessé d'être lue et modulée au fil du temps, selon les préoccupations profondes des générations. C'est en grande partie à cette plasticité que tient sa surprenante richesse.

---

*   Les définitions des mots suivis d'un astérisque figurent page 204.

Dom Juan dînant avec la statue du Commandeur,
gravure de Moreau le Jeune.
(Bibliothèque nationale de France, Paris.)

REPÈRES

L'AUTEUR : Molière.

PREMIÈRE REPRÉSENTATION : 1665.

PREMIÈRE PUBLICATION : 1682, édition posthume censurée.

LE GENRE :

• Pièce qui ne ressemble en rien aux autres comédies de Molière, dont le héros est un maniaque ridicule. Dom Juan est un héros méchant mais digne et parfois admirable. La dramaturgie* de la pièce s'en trouve changée.

• Pièce publiée sous l'appellation de *comédie*, mais dont le registre peut être aussi pathétique*, comme dans le drame, ou bien relevé, comme dans la tragi-comédie.

LE CONTEXTE :

• Le thème de l'athée foudroyé est à la mode, puisqu'il a été plusieurs fois porté à la scène à Paris : outre une version des Comédiens-italiens (représentée vers 1658), deux acteurs français (Dorimond vers 1658, et Villiers en 1659) en proposent chacun une version intitulée *Le Festin de pierre ou le Fils criminel*.

• L'affaire du *Tartuffe* bat son plein. Alors que cette pièce a été interdite sous la pression de la dévote Compagnie du Saint-Sacrement (voir p. 141-142), Molière contre-attaque avec *Dom Juan* qui dénonce explicitement la cabale des dévots (acte V, sc. 2).

LA PIÈCE :

• **Forme et structure** : cinq actes en prose, vingt-sept scènes, dix-sept personnages.

• **Lieu et temps** : une Sicile de convention, à une époque indéterminée qui pourrait être le XVIIᵉ siècle. Ni le lieu ni l'époque n'influent sur l'intrigue ou sur les comportements.

• **Personnages** :

– le héros, Dom Juan, « grand seigneur méchant homme », libertin de mœurs et d'esprit, qui ne vit que selon son plaisir de l'instant, qui méprise les êtres et entend s'affranchir de toute règle morale, politique et religieuse ;

– Sganarelle, son valet, âme simple, qui craint son maître mais s'en rend parfois complice, cherche à le sermonner mais se révèle piètre défenseur de la religion ;

– Done Elvire, épouse abandonnée de Dom Juan, digne et émouvante, qui cherche à le sauver de la damnation éternelle ;

– Dom Louis, le père noble, qui se désespère du comportement immoral de son fils ;

– la statue d'un Commandeur, que Dom Juan a tué en duel, qui s'anime et parle au nom du Ciel pour mettre le héros en garde ;

– des paysans, un pauvre, un marchand, dont le libertin se jouera tour à tour.

• **Intrigue** : Dom Juan vole de conquête en conquête, de provocation en provocation, bafouant les êtres, la morale et la religion, jusqu'à ce que le Ciel, lassé de ses déportements et de son endurcissement dans le péché, le voue à la damnation éternelle.

LES ENJEUX :

• Un mythe occidental moderne qui dit le désir profond de liberté de l'individu, borné par des contraintes multiples nécessaires à la vie en société.

• Un héros ambigu, à la fois méprisable et admirable, et, à la différence des autres œuvres de Molière, une pièce dont le sens reste en suspens.

• Une phase importante de la lutte de Molière contre les dévots de la Compagnie du Saint-Sacrement.

MOLIÈRE ET *DOM JUAN*

LES ANNÉES D'APPRENTISSAGE

Rien ne prédispose Jean-Baptiste Poquelin, fils d'un bon bourgeois, tapissier ordinaire du roi, à monter sur les planches, après de solides études au collège jésuite de Clermont (l'actuel lycée Louis-le-Grand) et l'obtention d'une licence en droit à Orléans. Il renonce pourtant à la charge de son père et fonde avec Madeleine Béjart L'Illustre Théâtre, entreprise vouée à l'échec face aux deux puissantes troupes rivales de l'Hôtel de Bourgogne et du Marais, car le public potentiel de théâtre est fort restreint dans le Paris de l'époque. Après un court séjour en prison pour dettes, il entreprend, au sein de la troupe de Charles Dufresne, une tournée de plusieurs années en province, notamment dans le sud de la France, durant laquelle il se forme en jouant devant les publics les plus variés.

DES PROTECTEURS ILLUSTRES

Il reçoit la protection successive de plusieurs grands du royaume : tout d'abord celle du **prince de Conti**, que Molière a connu au cours de ses études au collège de Clermont et dont on pense qu'il a pu servir de modèle au personnage de Dom Juan. Troisième personnage de l'État, il invite la troupe à donner la comédie à Pézenas, en 1653 ; mais sa brutale et spectaculaire conversion, en 1656, en fait l'un des membres les plus puissants de la fameuse Compagnie du Saint-Sacrement, qui, au nom de l'Église, cherche à nuire au théâtre et aux comédiens. Molière est ensuite le protégé de **Monsieur**, **frère du roi**, en 1658, grâce aux relations qu'il a nouées en Languedoc. Monsieur présente Molière au roi et à la reine mère, et lui offre l'occasion de donner sa première prestation devant Louis XIV, au Petit Châtelet (1658), où Molière commet l'erreur de représenter *Nicomède*, tragédie du grand Corneille, en présence de la cour et des comédiens de l'Hôtel de Bourgogne, spécialistes du genre, qui font des gorges chaudes de ces « manières de campagne » (préface de l'édition de 1682, de La Grange et Vivot). Mais, alors que l'interprétation de *Nicomède* n'a pas soulevé l'enthousiasme, Molière a une illumination : il demande au roi l'autorisation de lui présenter « un de ces petits divertissements [...] dont il régalait les provinces », à savoir la farce du *Docteur amoureux*. La partie est gagnée, car le roi aime rire. Plus tard, quand Molière aura fait parler de lui et sera bien connu du milieu de la haute aristocratie, **Louis XIV** exprimera, en 1665 à Saint-Germain-en-Laye, son désir de voir la troupe de Molière lui appartenir : il lui accordera une pension et lui donnera le titre de Troupe du Roi au Palais-Royal.

LE TEMPS DES LUTTES

Infatigable, Molière est à la fois le directeur, l'auteur, le metteur en scène et l'un des tout premiers acteurs de la troupe ; il n'a alors écrit que quelques farces, ainsi que deux comédies d'intrigue, *L'Étourdi* et *Le Dépit amoureux*, qui ne ressemblent guère au reste de son œuvre à venir. Il commence à se trouver avec *Les Précieuses ridicules* (1659), et réussira un coup de maître en écrivant *L'École des femmes* (1662), la première des comédies de la maturité, en cinq actes et en vers.

Ses premiers succès ne sont pas sans susciter la jalousie des troupes rivales et surtout l'hostilité déclarée des dévots. À la création de *L'École des femmes*, ils l'accusent d'obscénité et de manque de respect à l'égard du mariage, donc de la religion. Voyant en lui un libertin[1] dont l'influence sur le roi grandit dangereusement, ils repartent à l'attaque de façon plus organisée : à l'occasion des somptueuses fêtes des *Plaisirs de l'île enchantée* organisées à Versailles, éclate l'affaire du *Tartuffe*, dont la violence s'explique par la hardiesse du sujet traité, car la **dénonciation de l'hypocrisie religieuse** risque de discréditer les vrais chrétiens[2]. La cabale des dévots ranime alors la vieille querelle de

1. Voir p. 166-167.
2. Voir p. 141 et suivantes, et p. 165.

la moralité du théâtre[1], et Molière doit se défendre contre l'accusation la plus grave, celle d'athéisme militant. Fort de la bienveillance royale – en 1665, sa troupe devient la Troupe du Roi –, Molière contre-attaque avec *Dom Juan*, thème à la mode, destiné à remplacer à l'affiche *Le Tartuffe*, que la cabale des dévots a réussi à faire interdire. Molière est à ce moment au plus fort de la plus violente des luttes de sa carrière, et l'on mesure le courage dont il fait preuve en écrivant *Dom Juan*, qui reprend encore plus explicitement les dénonciations de la cabale des hypocrites. Mais l'amitié du roi manque de constance et le dramaturge, sans doute secrètement incité à laisser les choses se calmer, éprouve, à ce tournant de sa carrière, une sorte d'amertume à laquelle *Le Misanthrope* (1666), œuvre profonde et pathétique, fait écho.

Il n'est pas douteux que la nature extrêmement violente de ce conflit contribue à aggraver la **maladie** dont le dramaturge est frappé – il souffre d'une affection pulmonaire, qui provoque parfois de violentes quintes de toux. L'affaire du *Tartuffe* marque sans doute un tournant dans sa carrière : les pièces de celui qui est devenu le protégé du roi ne feront plus preuve de la même audace sur le plan de la morale politique.

UN DRAMATURGE FÉCOND

Il cessera par la suite de s'en prendre à de puissantes cabales, pour ne fustiger que des vices de caractère et des mœurs privées, et il orientera sa création, en fonction des vœux du souverain, vers la **comédie-ballet**.

Les dernières années de sa vie voient se succéder quelques chefs-d'œuvre, dont la variété étonne. Avec *Le Bourgeois gentilhomme*, dont Lully compose la musique, Molière invente le genre nouveau de la comédie-ballet, promis à un bel avenir puisqu'il donnera naissance à l'opéra français. Il compose ensuite *Les Fourberies de Scapin* (1671), comédie d'intrigue dont le mouvement et les effets témoignent d'une exceptionnelle maîtrise

---

1. Voir p. 144.

scénique, *Les Femmes savantes* (1672), sévère condamnation du pédantisme, et enfin *Le Malade imaginaire* (1673), œuvre comique pourtant hantée par la présence de la mort. Au cours de la quatrième représentation de cette dernière comédie, où il raille non plus seulement les médecins mais la médecine même, il est pris de convulsions et s'éteint quelques heures plus tard. Grâce à l'intervention de Louis XIV, dont il n'avait pourtant plus la faveur, il échappe à la fosse commune où finissent les comédiens qui n'ont pu renier solennellement leur profession, et on l'enterre de nuit, sans aucune pompe.

SOURCES DE *DOM JUAN*

En août 1664, Molière ne s'attend pas à ce que l'interdiction frappant *Le Tartuffe* soit levée à brève échéance, et il choisit, pour remplacer cette pièce à l'affiche, le thème à la mode de *Dom Juan*.

On ne pense pas que Molière ait connu l'original espagnol de Tirso de Molina, *El Burlador de Sevilla y Convidado de piedra*, représenté vers 1625. On n'est pas sûr non plus qu'il ait lu les deux versions italiennes qui s'en sont inspirées : celle de Cicognini, *Il Convitato di pietra*, imprimé plusieurs fois à Venise et à Rome, et celle de Giliberto (1652), aujourd'hui perdue. Toujours est-il que ces pièces ont pu servir de modèle à deux tragi-comédies françaises, intitulées, l'une comme l'autre, *Le Festin de pierre ou le Fils criminel*. La première est de Dorimond, comédien de Mademoiselle, publiée à Lyon en 1658, la seconde du sieur de Villiers (*alias* Philipin), comédien de l'Hôtel de Bourgogne, publiée à Paris l'année suivante, cette seconde œuvre n'étant qu'un plagiat de la précédente. Enfin, les Comédiens-italiens de Paris, avec lesquels Molière alterne au Palais-Royal, ont dans leur répertoire un *scenario* de ce thème fréquemment attesté en Italie au XVIIᵉ siècle.

Les sources principales de Molière sont donc les pièces de Dorimond et Villiers, les premières à faire apparaître les personnages de l'ermite et du père de Dom Juan. De nombreuses similitudes attestent ce fait : l'insolence de Dom Juan envers son père, son attitude à l'égard d'un pèlerin, le naufrage, la rencontre d'une jeune bergère, la visite du tombeau, l'invitation adressée à la statue, l'effroi du valet Briguelle, le refus de croire de Dom Juan, le second signe de tête de la statue, le dîner en compagnie de la statue, l'invitation de la statue, qui entraîne enfin le héros aux enfers. Ce à quoi l'on ajoutera une attitude identique des valets, Briguelle et Sganarelle : même couardise, mêmes complaisance et complicité, mêmes plaisanteries sur le pèlerin. Enfin, on remarque diverses formulations très proches d'une pièce à l'autre.

Comme il le fait d'ordinaire, Molière recueille de surcroît de nombreuses idées de détail ici et là : on trouve ainsi, dans le *Convitato di pietra* d'Andrea Cicognini, l'allusion finale du valet à ses gages perdus ; dans *Polyphile ou l'amant de plusieurs dames* de Charles Sorel (1663), quelques-uns des arguments spécieux utilisés par le séducteur devant la femme qu'il quitte ; dans *L'Esprit follet* de d'Ouville (1642), une mention du « moine bourru » ; dans *Le Menteur* de Corneille, que Molière a joué, les admonestations adressées par un père à son fils ; dans *L'Écolier de Salamanque* de Scarron (1655), le cri d'une femme bafouée, Léonor : « Perfide, il n'est plus temps de déguiser ton crime » (I, 1), ce qui rappelle l'exclamation de Done Elvire (I, 3). Il en va de même pour ce qui a trait aux arguments philosophiques de Sganarelle, désireux de prouver l'existence de Dieu (III, 1), qu'on retrouve dans un ouvrage du philosophe Gassendi, *Syntagma philosophicum* (1658).

Ainsi, *Dom Juan* offre une bonne illustration de la manière dont Molière procédait, trouvant un peu partout des situations, des mouvements de scène, des répliques, voire des détails, susceptibles de servir sa conception de tel personnage, ou d'agrémenter tel effet de théâtre.

GENÈSE DE *DOM JUAN*

Contrairement à une légende tenace, *Dom Juan* n'a pas été écrit en quelques jours : l'emploi de la prose – tout à fait inusité à l'époque pour une pièce en cinq actes – est le signe d'un projet mûri par un dramaturge expérimenté. On sait aujourd'hui que, le 3 décembre 1664, Molière signe avec deux peintres un marché de décors, au lieu de s'en remettre aux décorateurs ordinaires du théâtre du Palais-Royal ; c'est dire que son travail est déjà bien avancé. Il se donne ensuite six semaines supplémentaires pour que la pièce soit achevée selon ses vœux : le registre du comédien La Grange, qui contient toutes sortes d'informations sur la vie de la troupe au jour le jour, indique en effet que la dernière de *La Princesse d'Élide* a lieu un mois plus tard, le 4 janvier, mais Molière retarde néanmoins la première de *Dom Juan* – qui doit être pratiquement achevé – jusqu'au 15 février, préférant reprendre d'anciennes pièces telles que *Les Fâcheux*, *Le Cocu imaginaire*, *Le Dépit amoureux* et *L'École des maris*, qui pourtant assurent des recettes bien médiocres. Enfin, il prend le temps, non seulement de créer un personnage original, celui de Done Elvire, mais de remodeler entièrement la figure de Dom Juan que lui fournissaient ses prédécesseurs, ce que, de toute évidence, n'aurait pas fait un directeur de troupe pressé par l'urgence.

FORTUNE DE *DOM JUAN*

Dom Juan, créé le 15 février 1665, connaît un très vif succès au théâtre du Palais-Royal : quinze représentations se succèdent jusqu'au 20 mars, qui rapportent en moyenne 1 340 livres. Dès la deuxième représentation, Molière corrige certains passages, en particulier la fin de la scène du Pauvre. Mais les ennemis du poète n'ont pas désarmé : le 18 avril, un certain B. A., sieur de R. (Barbier d'Aucour, sieur de Rochemont) obtient la permission d'imprimer un violent pamphlet, *Observations sur une comédie de Molière intitulée : Le Festin de pierre*. Molière, àuquel on prête abusivement les idées de son personnage, y est accusé de « tenir une école de libertinage » en mettant sur la scène un maître qui « attaque avec audace » les dogmes religieux et un valet qui les « défend avec faiblesse ». À ce libelle répondent deux écrits dont les auteurs sont inconnus, une *Lettre sur les observations d'une comédie du sieur Molière intitulée le Festin de pierre*, qui prend avec verve et justesse la défense du poète, et une *Réponse aux observations touchant le Festin de pierre de M. de Molière*. Mais Molière évite de renouveler les polémiques de 1663 et 1664 avec l'Église ; sans doute aussi Louis XIV lui fait-il dire de ne pas insister. Toujours est-il que la pièce n'est pas reprise après la relâche de Pâques, que Molière ne la fait pas imprimer et qu'elle ne sera plus représentée de son vivant. Surcroît de disgrâce, en 1677, à la demande des comédiens de l'Hôtel Guénégaud, Thomas Corneille – frère du grand Pierre Corneille – en écrit une version versifiée, dans laquelle il s'est « réservé la liberté d'adoucir certaines expressions qui avaient blessé les scrupuleux », et c'est sous cette forme dénaturée et méconnaissable que *Le Festin de pierre* sera joué à la Comédie-Française jusqu'en 1841.

Heureusement le texte original, avec les corrections apportées après la première représentation, est entre les mains de La Grange et Vivot, les éditeurs de 1682. Mais alors que l'impression est commencée, le lieutenant général de police, M. de La Reynie, exerce une censure et fait disparaître certains passages, comme, par exemple, la quasi-totalité de la scène du Pauvre. Par chance, quelques-uns des exemplaires du tirage primitif sont conservés, et ils permettent de lire aujourd'hui *Dom Juan* dans le texte que Molière a arrêté après l'épreuve du feu qu'a été la première représentation.

Enfin, en 1683, est publiée à Amsterdam une édition, qui provient vraisemblablement d'un texte d'acteur, car elle est à peu près entièrement dépourvue de didascalies. La scène du Pauvre s'y trouve dans son intégralité, divers passages que l'on qualifie d'habitude d'*audacieux* y figurent aussi, mais, curieusement, la scène durant laquelle les frères de Done Elvire reconnaissent leur ennemi en Dom Juan (III, 4) y est plus courte d'un tiers que dans l'édition de 1682.

Portrait de Molière en saint Jean-Baptiste,
tenant un exemplaire de *Dom Juan*,
gouache sur vélin, école française du XVIIᵉ siècle.
(Musée de Vulliod Saint-Germain, Pézenas.)

ou Dom Juan
le Festin de pierre

MOLIÈRE

comédie

*représentée pour la première fois
le 15 février 1665 sur le théâtre
de la salle du Palais-Royal
par la troupe de Monsieur,
frère unique du roi*

LES PERSONNAGES

DOM JUAN	*fils de Dom Louis.*
SGANARELLE	*valet de Dom Juan.*
ELVIRE	*femme de Dom Juan.*
GUSMAN	*écuyer d'Elvire.*
DOM CARLOS	
DOM ALONSE	*frères d'Elvire.*
DOM LOUIS	*père de Dom Juan.*
FRANCISQUE	*pauvre.*
CHARLOTTE	
MATHURINE	*paysannes.*
PIERROT	*paysan.*
LA STATUE DU COMMANDEUR	
LA VIOLETTE	
RAGOTIN	*laquais de Dom Juan*
M. DIMANCHE	*marchand.*
LA RAMÉE	*spadassin.*

Suite de DOM JUAN.

Suite de DOM CARLOS et de DOM ALONSE, frères.

UN SPECTRE.

La scène est en Sicile.

ACTE PREMIER[1]

SCÈNE PREMIÈRE. SGANARELLE, GUSMAN.

SGANARELLE, *tenant une tabatière.* Quoi que puisse dire Aristote[2] et toute la philosophie, il n'est rien d'égal au tabac : c'est la passion des honnêtes gens, et qui vit sans tabac n'est pas digne de vivre. Non seulement il réjouit et
5 purge les cerveaux humains[3], mais encore il instruit les âmes à la vertu, et l'on apprend avec lui à devenir honnête homme. Ne voyez-vous pas bien, dès qu'on en prend, de quelle manière obligeante on en use avec tout le monde, et comme on est ravi d'en donner à droit et à gauche, partout
10 où l'on se trouve ? On n'attend pas même qu'on en demande, et l'on court au-devant du souhait des gens : tant il est vrai que le tabac inspire des sentiments d'honneur et de vertu à tous ceux qui en prennent. Mais c'est assez de cette matière. Reprenons un peu notre discours. Si bien donc,
15 cher Gusman, que Done Elvire, ta maîtresse, surprise de notre départ, s'est mise en campagne après nous, et son cœur, que mon maître a su toucher trop fortement, n'a pu vivre, dis-tu, sans le venir chercher ici. Veux-tu qu'entre nous je te dise ma pensée ? J'ai peur qu'elle ne soit mal payée
20 de son amour, que son voyage en cette ville produise peu de fruit, et que vous eussiez autant gagné à ne bouger de là.

GUSMAN. Et la raison encore ? Dis-moi, je te prie, Sganarelle, qui[4] peut t'inspirer une peur d'un si mauvais augure ? Ton maître t'a-t-il ouvert son cœur là-dessus, et

---

1. D'après le marché passé par Molière avec deux peintres le 3 décembre 1664, le décor du Ier acte est un palais ouvert aux promeneurs, au travers duquel on voit un jardin.
2. Auteur de nombreux traités de logique, de politique, d'histoire naturelle et de physique, ce philosophe grec (384-322 av. J.-C.) demeure l'autorité incontestée des philosophes et des théologiens scolastiques ; il est souvent cité comme la personnification de l'esprit philosophique et scientifique, ce qui explique la référence bouffonne de Sganarelle.
3. Le tabac à priser, qui fait éternuer, est supposé nettoyer le cerveau.
4. **Qui** : ce qui.

25 t'a-t-il dit qu'il eût pour nous quelque froideur qui l'ait obligé à partir ?

SGANARELLE. Non pas ; mais, à vue de pays[1], je connais à peu près le train des choses ; et sans qu'il m'ait encore rien dit, je gagerais presque que l'affaire va là[2]. Je pourrais peut-
30 être me tromper ; mais enfin, sur de tels sujets, l'expérience m'a pu donner quelques lumières.

GUSMAN. Quoi ? ce départ si peu prévu serait une infidélité de Dom Juan ? Il pourrait faire cette injure aux chastes feux de Done Elvire ?

35 **SGANARELLE.** Non, c'est qu'il est jeune encore, et qu'il n'a pas le courage…

GUSMAN. Un homme de sa qualité[3] ferait une action si lâche ?

SGANARELLE. Eh oui, sa qualité ! La raison en est belle, et
40 c'est par là qu'il s'empêcherait[4] des choses…

GUSMAN. Mais les saints nœuds du mariage le tiennent engagé.

SGANARELLE. Eh ! mon pauvre Gusman, mon ami, tu ne sais pas encore, crois-moi, quel homme est Dom Juan.

45 **GUSMAN.** Je ne sais pas, de vrai, quel homme il peut être, s'il faut qu'il nous ait fait cette perfidie ; et je ne comprends point comme après tant d'amour et tant d'impatience témoignée, tant d'hommages pressants, de vœux, de soupirs et de larmes, tant de lettres passionnées, de protestations[5]
50 ardentes et de serments réitérés, tant de transports[6] enfin et tant d'emportements qu'il a fait paraître, jusques à forcer, dans sa passion, l'obstacle sacré d'un couvent, pour mettre

---

1. **À vue de pays :** « en se réglant sur ce qu'on sait, sur ce qu'on imagine » (Dict. de Littré), à première vue.
2. **Va là :** tend à cela.
3. **Qualité :** haute noblesse.
4. **Il s'empêcherait :** il se contraindrait, il s'abstiendrait.
5. **Protestations :** déclarations d'amour.
6. **Transports :** manifestations de passion.

Done Elvire en sa puissance, je ne comprends pas, dis-je,
comme, après tout cela, il aurait le cœur de pouvoir
55 manquer à sa parole.

SGANARELLE. Je n'ai pas grande peine à le comprendre,
moi ; et si tu connaissais le pèlerin[1], tu trouverais la chose
assez facile pour lui. Je ne dis pas qu'il ait changé de sentiments pour Done Elvire, je n'en ai point de certitude
60 encore : tu sais que, par son ordre, je partis avant lui, et
depuis son arrivée il ne m'a point entretenu ; mais, par
précaution, je t'apprends, *inter nos*[2], que tu vois en Dom
Juan, mon maître, le plus grand scélérat que la terre ait
jamais porté, un enragé, un chien, un diable, un Turc, un
65 hérétique, qui ne croit ni Ciel, [ni saint, ni Dieu][3], ni loup-
garou, qui passe cette vie en véritable bête brute, en
pourceau d'Épicure[4], en vrai Sardanapale[5], qui ferme l'oreille
à toutes les remontrances [chrétiennes] qu'on lui peut faire,
et traite de billevesées[6] tout ce que nous croyons[7]. Tu me dis
70 qu'il a épousé ta maîtresse : crois qu'il aurait plus fait pour sa
passion, et qu'avec elle il aurait encore épousé toi, son chien
et son chat. Un mariage ne lui coûte rien à contracter ; il ne
se sert point d'autres pièges pour attraper les belles, et c'est
un épouseur à toutes mains[8]. Dame, demoiselle[9], bour-
75 geoise, paysanne, il ne trouve rien de trop chaud ni de trop

1. **Pèlerin :** « on appelle figurément *pèlerin* un homme fin, adroit,
dissimulé » (Dict. de l'Académie, 1694).
2. *Inter nos* : entre nous.
3. Les passages entre crochets viennent de l'édition hollandaise non
censurée de 1683.
4. Sganarelle, qui a des prétentions à la culture, a d'abord plaisamment
mentionné Aristote, le philosophe grec, adversaire inattendu du tabac,
puis ici un autre Grec, Épicure (341-270 av. J.-C.), philosophe du plaisir,
qu'une mauvaise interprétation de sa doctrine a fait passer à tort pour un
débauché (cf. Horace, *Épîtres*, I, 4, fin).
5. **Sardanapale :** nom d'un souverain légendaire d'Assyrie, synonyme de
débauché.
6. **Billevesées :** balivernes, sottises.
7. Voir p. 79.
8. **Un épouseur à toutes mains** : un homme prêt à épouser n'importe qui.
9. **Dame, demoiselle :** femme et fille d'origine noble.

froid pour lui ; et si je te disais le nom de toutes celles qu'il a épousées en divers lieux, ce serait un chapitre à durer jusques au soir. Tu demeures surpris et changes de couleur à ce discours ; ce n'est là qu'une ébauche du personnage, et pour
80 en achever le portrait, il faudrait bien d'autres coups de pinceau. Suffit qu'il faut que le courroux du Ciel l'accable quelque jour ; qu'il me faudrait bien mieux d'être au diable que d'être à lui, et qu'il me fait voir tant d'horreurs, que je souhaiterais qu'il fût déjà je ne sais où. Mais un grand
85 seigneur méchant homme est une terrible chose ; il faut que je lui sois fidèle, en dépit que j'en aie[1] : la crainte en moi fait l'office du zèle, bride mes sentiments, et me réduit d'applaudir bien souvent à ce que mon âme déteste. Le voilà qui vient se promener dans ce palais : séparons-nous. Écoute, au
90 moins : je t'ai fait cette confidence avec franchise, et cela m'est sorti un peu bien vite de la bouche ; mais s'il fallait qu'il en vînt quelque chose à ses oreilles, je dirais hautement que tu aurais menti.

SCÈNE 2. DOM JUAN, SGANARELLE.

DOM JUAN. Quel homme te parlait là ? Il a bien de l'air, ce me semble, du bon Gusman de Done Elvire.

SGANARELLE. C'est quelque chose aussi à peu près de cela.

DOM JUAN. Quoi ? c'est lui ?

5 **SGANARELLE.** Lui-même.

DOM JUAN. Et depuis quand est-il en cette ville ?

SGANARELLE. D'hier au soir.

DOM JUAN. Et quel sujet l'amène ?

SGANARELLE. Je crois que vous jugez assez ce qui le peut
10 inquiéter.

DOM JUAN. Notre départ sans doute ?

---

1. **En dépit que j'en aie :** contre mon gré.

Au lever de rideau, Molière attaque de façon indirecte, sur une question apparemment sans rapport avec le sujet : l'éloge du tabac que fait un domestique, Sganarelle.

DRAMATURGIE : la densité de l'exposition

Le dramaturge se doit de fournir, dès la première scène, un certain nombre d'éléments d'information au spectateur.

1. Qu'apprend-on du caractère de Dom Juan dans le portrait qu'en brosse Sganarelle ? En quoi ce portrait peint-il également Sganarelle ?

2. Pourquoi est-il fait allusion à Done Elvire, dès la première scène ? En quoi cela annonce-t-il d'autres scènes à venir, voire l'issue du drame ? Vous pouvez vous aider des pages 159-160 pour répondre.

3. Pourquoi Molière présente-t-il au spectateur un portrait du héros avant son entrée en scène ? Quels sont les éléments susceptibles de créer une attente chez le spectateur ?

STRATÉGIES : séduire le public

Dès le lever de rideau, le dramaturge cherche à séduire le public, à éveiller son intérêt ; il suscite le rire en faisant vanter par Sganarelle les mérites du tabac. Molière se fait ici le continuateur d'un très vieux genre de la tradition verbale, l'éloge paradoxal.

4. Étudiez les éléments comiques du propos de Sganarelle. Que trahissent ses références savantes ?

5. Que pensez-vous de son attitude devant son interlocuteur ?

REGISTRES ET TONALITÉS : valet pédant, valet bouffon

6. Sganarelle, qui se vante ailleurs de n'avoir jamais rien appris, semble avoir une prédilection pour un procédé particulier dans sa tirade*-portrait ; lequel ? Qu'en concluez-vous ? Gusman emploie-t-il le même style ?

SGANARELLE. Le bonhomme en est tout mortifié, et m'en demandait le sujet.

DOM JUAN. Et quelle réponse as-tu faite ?

15 **SGANARELLE.** Que vous ne m'en aviez rien dit.

DOM JUAN. Mais encore, quelle est ta pensée là-dessus ? Que t'imagines-tu de cette affaire ?

SGANARELLE. Moi, je crois, sans vous faire tort, que vous avez quelque nouvel amour en tête.

20 **DOM JUAN.** Tu le crois ?

SGANARELLE. Oui.

DOM JUAN. Ma foi ! tu ne te trompes pas, et je dois t'avouer qu'un autre objet[1] a chassé Elvire de ma pensée.

SGANARELLE. Eh ! mon Dieu ! je sais mon Dom Juan sur 25 le bout du doigt, et connais votre cœur pour le plus grand coureur du monde : il se plaît à se promener de liens en liens, et n'aime guère à demeurer en place.

DOM JUAN. Et ne trouves-tu pas, dis-moi, que j'ai raison d'en user de la sorte ?

30 **SGANARELLE.** Eh ! Monsieur.

DOM JUAN. Quoi ? Parle.

SGANARELLE. Assurément que vous avez raison, si vous le voulez ; on ne peut pas aller là contre. Mais si vous ne le vouliez pas, ce serait peut-être une autre affaire.

35 **DOM JUAN.** Eh bien ! je te donne la liberté de parler et de me dire tes sentiments.

SGANARELLE. En ce cas, Monsieur, je vous dirai franche-ment que je n'approuve point votre méthode, et que je trouve fort vilain d'aimer de tous côtés comme vous faites.

40 **DOM JUAN.** Quoi ? tu veux qu'on se lie à demeurer au premier objet qui nous prend, qu'on renonce au monde pour lui, et qu'on n'ait plus d'yeux pour personne ? La belle

---

1. **Objet :** personne aimée, sans aucune connotation péjorative.

chose de vouloir se piquer[1] d'un faux honneur[2] d'être fidèle, de s'ensevelir pour toujours dans une passion, et d'être mort
45 dès sa jeunesse à toutes les autres beautés qui nous peuvent frapper les yeux ! Non, non : la constance n'est bonne que pour des ridicules ; toutes les belles ont droit de nous charmer, et l'avantage d'être rencontrée la première ne doit point dérober aux autres les justes prétentions qu'elles ont
50 toutes sur nos cœurs. Pour moi, la beauté me ravit partout où je la trouve, et je cède facilement à cette douce violence dont elle nous entraîne. J'ai beau être engagé, l'amour que j'ai pour une belle n'engage point mon âme à faire injustice aux autres ; je conserve des yeux pour voir le mérite de
55 toutes, et rends à chacune les hommages et les tributs[3] où[4] la nature nous oblige. Quoi qu'il en soit, je ne puis refuser mon cœur à tout ce que je vois d'aimable ; et dès qu'un beau visage me le demande, si j'en avais dix mille, je les donnerais tous. Les inclinations naissantes, après tout, ont des charmes
60 inexplicables, et tout le plaisir[5] de l'amour est dans le changement. On goûte une douceur extrême à réduire[6], par cent hommages, le cœur d'une jeune beauté, à voir de jour en jour les petits progrès qu'on y fait, à combattre par des transports, par des larmes et des soupirs, l'innocente pudeur
65 d'une âme qui a peine à rendre les armes, à forcer pied à pied toutes les petites résistances qu'elle nous oppose, à vaincre les scrupules dont elle se fait un honneur et la mener douce-ment où nous avons envie de la faire venir. Mais lorsqu'on en est maître une fois, il n'y a plus rien à dire ni rien à
70 souhaiter ; tout le beau de la passion est fini, et nous nous endormons dans la tranquillité d'un tel amour, si quelque objet nouveau ne vient réveiller nos désirs, et présenter à notre cœur les charmes attrayants d'une conquête à faire.

---

1. **Se piquer de :** mettre un point d'honneur à.
2. Voir p. 164.
3. **Tributs :** dans le langage galant, témoignages de passion.
4. **Où :** auxquels.
5. Voir p. 168.
6. **Réduire :** vaincre, dominer (vocabulaire militaire).

Enfin il n'est rien de si doux que de triompher de la résis-
75 tance d'une belle personne, et j'ai sur ce sujet l'ambition des
conquérants, qui volent perpétuellement de victoire en
victoire, et ne peuvent se résoudre à borner leurs souhaits.
Il n'est rien qui puisse arrêter l'impétuosité de mes désirs :
je me sens un cœur à aimer toute la terre ; et comme Alexan-
80 dre[1], je souhaiterais qu'il y eût d'autres mondes[2], pour y
pouvoir étendre mes conquêtes amoureuses.

SGANARELLE. Vertu de ma vie, comme vous débitez ! Il
semble que vous ayez appris cela par cœur, et vous parlez
tout comme un livre.

85 **DOM JUAN.** Qu'as-tu à dire là-dessus ?

SGANARELLE. Ma foi, j'ai à dire…, je ne sais ; car vous
tournez les choses d'une manière, qu'il semble que vous avez
raison ; et cependant il est vrai que vous ne l'avez pas. J'avais
les plus belles pensées du monde, et vos discours m'ont
90 brouillé tout cela. Laissez faire : une autre fois je mettrai mes
raisonnements par écrit, pour disputer[3] avec vous.

DOM JUAN. Tu feras bien.

SGANARELLE. Mais, Monsieur, cela serait-il de la permission que vous m'avez donnée, si je vous disais que je suis
95 tant soit peu scandalisé de la vie que vous menez ?

DOM JUAN. Comment ? quelle vie est-ce que je mène ?

SGANARELLE. Fort bonne. Mais, par exemple, de vous voir
tous les mois vous marier comme vous faites…

DOM JUAN. Y a-t-il rien de plus agréable ?

---

1. Alexandre III le Grand, roi de Macédoine (356-323 av. J.-C). Ses
conquêtes fulgurantes en ont fait l'archétype du conquérant : après avoir
soumis la Grèce, vaincu Darius, conquis l'Égypte, réduit Babylone et
atteint l'Indus, il est emporté par la fièvre à l'âge de 33 ans.
2. Voir ce que dit Juvénal d'Alexandre : « Un seul univers ne suffit pas à
l'enfant de Pella ; le malheureux, il étouffe dans ce monde trop petit pour
lui » (*Satire*, X, v. 168-169).
3. Disputer : discuter.

100 **SGANARELLE.** Il est vrai, je conçois que cela est fort agréable et fort divertissant, et je m'en accommoderais assez, moi, s'il n'y avait point de mal ; mais, Monsieur, se jouer ainsi d'un mystère sacré[1], et…

DOM JUAN. Va, va, c'est une affaire entre le Ciel et moi, et 105 nous la démêlerons bien ensemble, sans que tu t'en mettes en peine.

SGANARELLE. Ma foi ! Monsieur, j'ai toujours ouï dire que c'est une méchante[2] raillerie que de se railler du Ciel, et que les libertins[3] ne font jamais une bonne fin.

110 **DOM JUAN.** Holà ! maître sot, vous savez que je vous ai dit que je n'aime pas les faiseurs de remontrances.

SGANARELLE. Je ne parle pas aussi à vous, Dieu m'en garde. Vous savez ce que vous faites, vous ; et si vous ne croyez rien, vous avez vos raisons ; mais il y a de certains 115 petits impertinents dans le monde, qui sont libertins sans savoir pourquoi, qui font les esprits forts, parce qu'ils croient que cela leur sied bien ; et si j'avais un maître comme cela, je lui dirais fort nettement, le regardant en face : « Osez-vous bien ainsi vous jouer au Ciel[4], et ne tremblez-vous point de 120 vous moquer comme vous faites des choses les plus saintes ? C'est bien à vous, petit ver de terre, petit mirmidon[5] que vous êtes (je parle au maître que j'ai dit), c'est bien à vous à vouloir vous mêler de tourner en raillerie ce que tous les hommes révèrent ? Pensez-vous que pour être de qualité, 125 pour avoir une perruque blonde et bien frisée, des plumes à votre chapeau, un habit bien doré, et des rubans couleur de feu (ce n'est pas à vous que je parle, c'est à l'autre), pensez-

---

1. Le sacrement du mariage.
2. **Méchante :** dangereuse, mauvaise.
3 **Les libertins :** les esprits forts, les libres penseurs manquant de respect pour les choses de la religion. Voir p. 166.
4. **Vous jouer au Ciel :** vous moquer du Ciel.
5. Dans la mythologie, les Myrmidons étaient issus de la métamorphose de fourmis opérée par Jupiter à la requête de son fils Éaque ; il s'agit donc d'hommes de très petite taille, sans force ni résistance.

vous, dis-je, que vous en soyez plus habile homme, que tout vous soit permis, et qu'on n'ose vous dire vos vérités ?
130 Apprenez de moi, qui suis votre valet, que le Ciel punit tôt ou tard les impies, qu'une méchante vie amène une méchante mort, et que... »

DOM JUAN. Paix !

SGANARELLE. De quoi est-il question ?

135 **DOM JUAN.** Il est question de te dire qu'une beauté me tient au cœur, et qu'entraîné par ses appas[1], je l'ai suivie jusques en cette ville.

SGANARELLE. Et n'y craignez-vous rien, Monsieur, de la mort de ce commandeur[2] que vous tuâtes il y a six mois ?

140 **DOM JUAN.** Et pourquoi craindre ? Ne l'ai-je pas bien tué[3] ?

SGANARELLE. Fort bien, le mieux du monde, et il aurait tort de se plaindre.

DOM JUAN. J'ai eu ma grâce de cette affaire.

SGANARELLE. Oui, mais cette grâce n'éteint pas peut-être
145 le ressentiment des parents et des amis, et...

DOM JUAN. Ah ! n'allons point songer au mal qui nous peut arriver, et songeons seulement à ce qui nous peut donner du plaisir. La personne dont je te parle est une jeune fiancée, la plus agréable du monde, qui a été conduite ici par celui même
150 qu'elle y vient épouser ; et le hasard me fit voir ce couple d'amants[4] trois ou quatre jours avant leur voyage. Jamais je n'ai vu deux personnes être si contents[5] l'un de l'autre, et faire éclater plus d'amour. La tendresse visible de leurs mutuelles

---

1. **Appas** (appâts) : beauté, attraits, charmes. La répartition entre le sens figuré et le sens propre ne sera rigoureuse qu'au début du XVIIIᵉ siècle.
2. **Commandeur :** chevalier pourvu d'une commanderie dans un ordre religieux et militaire, comme ceux de Santiago en Espagne, de Malte ou de Saint-Lazare en France.
3 **Ne l'ai-je pas bien tué :** ne l'ai-je pas tué en me conformant aux règles du duel ?
4. **Amants :** amoureux.
5. On trouve souvent un adjectif au masculin avec le mot *personne* au XVIIᵉ s.

ardeurs me donna de l'émotion ; j'en fus frappé au cœur et
155 mon amour commença par la jalousie. Oui, je ne pus souffrir
d'abord[1] de les voir si bien ensemble ; le dépit alarma mes
désirs, et je me figurai un plaisir extrême à pouvoir troubler
leur intelligence, et rompre cet attachement, dont la délicatesse de mon cœur se tenait offensée ; mais jusques ici tous
160 mes efforts ont été inutiles, et j'ai recours au dernier remède.
Cet époux prétendu[2] doit aujourd'hui régaler sa maîtresse
d'une promenade sur mer. Sans t'en avoir rien dit, toutes
choses sont préparées pour satisfaire mon amour, et j'ai une
petite barque et des gens, avec quoi fort facilement je prétends
165 enlever la belle.

SGANARELLE. Ha ! Monsieur…

DOM JUAN. Hein ?

SGANARELLE. C'est fort bien fait à vous, et vous le prenez
comme il faut. Il n'est rien tel en ce monde que de se
170 contenter.

DOM JUAN. Prépare-toi donc à venir avec moi, et prends
soin toi-même d'apporter toutes mes armes, afin que… Ah !
rencontre fâcheuse. Traître, tu ne m'avais pas dit qu'elle était
ici elle-même.

175 **SGANARELLE.** Monsieur, vous ne me l'avez pas demandé.

DOM JUAN. Est-elle folle, de n'avoir pas changé d'habit, et
de venir en ce lieu-ci avec son équipage[3] de campagne ?

SCÈNE 3. DONE ELVIRE, DOM JUAN, SGANARELLE.

DONE ELVIRE. Me ferez-vous la grâce, Dom Juan, de
vouloir bien me reconnaître ? et puis-je au moins espérer que
vous daigniez tourner le visage de ce côté ?

---

1. **D'abord :** tout de suite.
2. **Cet époux prétendu :** ce futur époux.
3. **Équipage :** tenue.

■ SITUER

Le héros mythique paraît, après la présentation qu'en a faite Sganarelle. Le public va découvrir maintenant le charme étrange du « grand seigneur méchant homme ».

■ RÉFLÉCHIR

THÈMES : les formes du libertinage

1. La révolte du héros s'exprime d'abord par un libertinage de mœurs (p. 139 et 166) : quel est le thème développé avec brio par le protagoniste ? Quelles sont les conséquences sociales d'un tel comportement au XVIIᵉ siècle ?

2. Relevez et commentez les expressions trahissant son libertinage d'esprit. Comment son mépris du Ciel, et son manque de respect à l'égard d'un mort se manifestent-ils ?

PERSONNAGES : l'hédonisme et la règle

3. Au nom de quels arguments Dom Juan, guidé par son seul plaisir, justifie-t-il son inconstance ? À quel moment et en quels termes trahit-il sa violence et sa perversité ?

4. Étudiez le rythme du discours de Dom Juan, en particulier le rôle de la syntaxe, et le découpage respiratoire du texte. Qu'expriment-ils ?

5. Relevez les expressions métaphoriques* relatives à la conquête amoureuse. Bien qu'elles soient dans l'usage de la langue, que révèlent-elles de la nature de son plaisir ?

6. Quelle est l'attitude de Sganarelle face à ce discours éblouissant ? Quels sentiments éprouve-t-il ? Étudiez notamment le lexique et la ponctuation.

7. Sur quoi la morale du valet est-elle fondée ? Montrez qu'il est, à certains moments, complice de son maître.

STRATÉGIES : les ambiguïtés de l'œuvre

8. En quoi, selon vous, le choix d'un valet comme défenseur de la religion est-il ambigu de la part de Molière ? (Voir p. 79 et 157-158.) Pourquoi l'attitude impuissante de Sganarelle est-elle comique ?

■ DIRE

Lisez la tirade de Dom Juan (l. 40-81) en ménageant votre respiration de façon à faire apparaître le rythme de son discours.

DOM JUAN. Madame, je vous avoue que je suis surpris, et
5 que je ne vous attendais pas ici.

DONE ELVIRE. Oui, je vois bien que vous ne m'y attendiez
pas ; et vous êtes surpris, à la vérité, mais tout autrement que
je ne l'espérais ; et la manière dont vous le paraissez me
persuade pleinement ce que je refusais de croire. J'admire[1]
10 ma simplicité et la faiblesse de mon cœur à douter d'une
trahison que tant d'apparences me confirmaient. J'ai été
assez bonne, je le confesse, ou plutôt assez sotte pour me
vouloir tromper moi-même, et travailler à démentir mes
yeux et mon jugement. J'ai cherché des raisons pour excuser
15 à ma tendresse[2] le relâchement d'amitié[3] qu'elle voyait en
vous ; et je me suis forgé exprès cent sujets légitimes d'un
départ si précipité, pour vous justifier du crime dont ma
raison vous accusait. Mes justes soupçons chaque jour
avaient beau me parler, j'en rejetais la voix qui vous rendait
20 criminel à mes yeux, et j'écoutais avec plaisir mille chimères
ridicules qui vous peignaient innocent à mon cœur. Mais
enfin cet abord[4] ne me permet plus de douter, et le coup
d'œil qui m'a reçue m'apprend bien plus de choses que je ne
voudrais en savoir. Je serai bien aise pourtant d'ouïr de votre
25 bouche les raisons de votre départ. Parlez, Dom Juan, je
vous prie, et voyons de quel air vous saurez vous justifier !

DOM JUAN. Madame, voilà Sganarelle qui sait pourquoi je
suis parti.

SGANARELLE. Moi, Monsieur ? Je n'en sais rien, s'il vous
30 plaît.

DONE ELVIRE. Hé bien ! Sganarelle, parlez. Il n'importe de
quelle bouche j'entende ces raisons.

DOM JUAN, *faisant signe d'approcher à Sganarelle.* Allons,
parle donc à Madame.

---

1. **J'admire :** je m'étonne de.
2. **À ma tendresse :** auprès de ma tendresse.
3. **Amitié :** amour.
4. **Abord :** accueil.

35 **SGANARELLE.** Que voulez-vous que je dise ?

DONE ELVIRE. Approchez, puisqu'on le veut ainsi, et me dites un peu les causes d'un départ si prompt.

DOM JUAN. Tu ne répondras pas ?

SGANARELLE. Je n'ai rien à répondre. Vous vous moquez 40 de votre serviteur.

DOM JUAN. Veux-tu répondre, te dis-je ?

SGANARELLE. Madame…

DONE ELVIRE. Quoi ?

SGANARELLE, *se retournant vers son maître.* Monsieur…

45 **DOM JUAN.** Si…

SGANARELLE. Madame, les conquérants, Alexandre et les autres mondes sont causes de notre départ. Voilà, Monsieur, tout ce que je puis dire.

DONE ELVIRE. Vous plaît-il, Dom Juan, nous éclaircir ces 50 beaux mystères ?

DOM JUAN. Madame, à vous dire la vérité…

DONE ELVIRE. Ah ! que vous savez mal vous défendre pour un homme de cour, et qui doit être accoutumé à ces sortes de choses ! J'ai pitié de vous voir la confusion que 55 vous avez. Que ne vous armez-vous le front[1] d'une noble effronterie ? Que ne me jurez-vous que vous êtes toujours dans les mêmes sentiments pour moi, que vous m'aimez toujours avec une ardeur sans égale, et que rien n'est capable de vous détacher de moi que[2] la mort ? Que ne me dites-60 vous que des affaires de la dernière conséquence[3] vous ont obligé à partir sans m'en donner avis ; qu'il faut que, malgré vous, vous demeuriez ici quelque temps, et que je n'ai qu'à m'en retourner d'où je viens, assurée que vous suivrez mes

---

1. **Que ne vous armez-vous le front :** pourquoi ne feignez-vous pas…
2. **Que :** sinon.
3. **De la dernière conséquence :** de la plus haute importance.

pas le plus tôt qu'il vous sera possible ; qu'il est certain que
65 vous brûlez de me rejoindre, et qu'éloigné de moi, vous
souffrez ce que souffre un corps qui est séparé de son âme ?
Voilà comme il faut vous défendre, et non pas être interdit
comme vous êtes.

DOM JUAN. Je vous avoue, Madame, que je n'ai point le
70 talent de dissimuler, et que je porte un cœur sincère. Je ne
vous dirai point que je suis toujours dans les mêmes sentiments
pour vous, et que je brûle de vous rejoindre, puisque enfin
il est assuré que je ne suis parti que pour vous fuir ; non point
par les raisons que vous pouvez vous figurer, mais par un pur
75 motif de conscience, et pour ne croire pas[1] qu'avec vous davantage je puisse vivre sans péché. Il m'est venu des scrupules,
Madame, et j'ai ouvert les yeux de l'âme sur ce que je faisais.
J'ai fait réflexion que, pour vous épouser, je vous ai dérobée à
la clôture d'un convent[2], que vous avez rompu des vœux qui
80 vous engageaient autre part[3], et que le Ciel est fort jaloux de ces
sortes de choses. Le repentir m'a pris, et j'ai craint le courroux
céleste ; j'ai cru que notre mariage n'était qu'un adultère
déguisé, qu'il nous attirerait quelque disgrâce[4] d'en haut, et
qu'enfin je devais tâcher de vous oublier, et vous donner
85 moyen de retourner à vos premières chaînes[5]. Voudriez-vous,
Madame, vous opposer à une si sainte pensée, et que j'allasse,
en vous retenant, me mettre le Ciel sur les bras, que par… ?

DONE ELVIRE. Ah ! scélérat, c'est maintenant que je te
connais tout entier ; et pour mon malheur, je te connais
90 lorsqu'il n'en est plus temps, et qu'une telle connaissance ne
peut plus me servir qu'à me désespérer. Mais sache que ton

---

1. **Pour ne croire pas :** parce que je ne crois pas…
2. **Convent :** graphie étymologique de couvent (lat. *conventus*, assemblée).
3. Pour que Dom Juan ait pu épouser Done Elvire, il fallait qu'elle n'eût pas
encore prononcé de vœux définitifs ; autrement, elle ne se considérerait
pas comme sa légitime épouse et ses frères ne demanderaient pas à Dom
Juan de confirmer publiquement qu'il l'a prise pour femme (V, 3 début).
4. **Disgrâce :** malheur.
5. **Vos premières chaînes :** vos premiers engagements à l'égard de Dieu.

crime ne demeurera pas impuni, et que le même Ciel dont tu te joues me saura venger de ta perfidie.

DOM JUAN. [Sganarelle, le Ciel !

95 **SGANARELLE.** Vraiment oui, nous nous moquons bien de cela, nous autres.]¹

DOM JUAN. Madame…

DONE ELVIRE. Il suffit. Je n'en veux pas ouïr davantage, et je m'accuse même d'en avoir trop entendu. C'est une lâcheté 100 que de se faire expliquer trop sa honte ; et, sur de tels sujets, un noble cœur, au premier mot, doit prendre son parti. N'attends pas que j'éclate ici en reproches et en injures : non, non, je n'ai point un courroux à exhaler en paroles vaines, et toute sa chaleur se réserve pour sa vengeance. Je te le dis 105 encore, le Ciel te punira, perfide, de l'outrage que tu me fais ; et si le Ciel n'a rien que tu puisses appréhender, appréhende du moins la colère d'une femme offensée.

SGANARELLE. Si le remords le pouvait prendre !

DOM JUAN, *après une petite réflexion.* Allons songer à 110 l'exécution de notre entreprise amoureuse.

SGANARELLE. Ah ! quel abominable maître me vois-je obligé de servir !

---

1. Le passage entre crochets est censuré dans l'édition de 1682 cartonnée.

■ **SITUER**

L'entrée de Done Elvire, l'épouse arrachée à la clôture d'un couvent puis délaissée par Dom Juan, confère à la scène une tension dramatique nouvelle.

■ **RÉFLÉCHIR**

PERSONNAGES : l'affrontement entre la vertu et le mépris

1. Quelle est la conception de l'amour qui sous-tend le propos de Done Elvire ? Quels sont les traits de son caractère qui se révèlent au spectateur ? Pourquoi irrite-t-elle le héros, en dehors du fait qu'elle l'importune ?

2. Comment interprétez-vous la dérobade de Dom Juan ? À quel endroit et pourquoi peut-on parler de sadisme de sa part dans la suite de la scène ? Qu'est-ce qui, dans sa réponse, est humiliant pour son épouse ?

3. Étudiez la manière libertine dont Dom Juan envisage la situation : à quel trio traditionnel le Ciel, Done Elvire et Dom Juan lui-même sont-ils assimilés ? Qu'en pensez-vous ?

4. Dans quel sens l'image du héros évolue-t-elle aux yeux du public ?

REGISTRES ET TONALITÉS : comédie ou drame ?

5. Quel est le ton dominant de la scène ? En quoi l'intervention forcée de Sganarelle produit-elle un effet de rupture ? Quelle peut être alors la réaction du public ?

6. Deux répliques sont supprimées (l. 94-96) dans l'édition censurée de 1682 : pourquoi ont-elles été jugées dangereuses ? (Voir p. 162.) Comment les prononceriez-vous ?

MISE EN SCÈNE : le témoin muet

7. Trouvez-vous que la présence d'un valet apporte quelque chose à la scène ? Comment imaginez-vous son jeu ? Que pensez-vous des conseils que donne Louis Jouvet à l'une de ses élèves : « Ce n'est pas ce qu'elle dit qui est important, c'est l'attitude qu'elle a, c'est le larbin qui est mêlé à cette histoire » ? (*Molière et la Comédie classique,* Paris, Gallimard, 1970, p. 94.)

■ **ÉCRIRE**

Sganarelle rencontre à nouveau Gusman, le valet de Done Elvire, et lui raconte ce qui s'est passé. Vous tiendrez compte de la tirade-portrait de la scène 1.

DRAMATURGIE : captiver le public

Dans cet acte d'exposition, les thèmes importants sont énoncés, l'action est lancée. L'intérêt du spectateur est ménagé à la fois par les menaces que le héros fait peser sur d'autres (Sganarelle, Done Elvire, la « jeune fiancée »), et par celles qui pèsent sur lui. Molière conçoit en outre un remarquable effet de *crescendo* : le spectateur entend d'abord parler de Dom Juan sans le connaître ; puis il le découvre et l'entend exposer sa conception du plaisir ; enfin il le voit mettre en pratique ses cruels principes amoureux.

1. Quelles sont les menaces qui pèsent sur Dom Juan ?

2. Quel est l'effet de ce *crescendo* dramatique sur le spectateur ?

PERSONNAGES : un couple singulier

Les relations maître-valet constituent un motif récurrent dès la farce médiévale : relations d'autorité ou effet de miroir entre les deux personnages. Molière exploite, enrichit et renouvelle ici ce schéma comique.

3. Par quels liens le couple Dom Juan-Sganarelle est-il uni ? Montrez la complexité de leurs relations, en particulier de crainte, mais aussi de complicité et même d'admiration.

4. Quelles sont les libertés que le maître accorde à son valet et les limites précises qu'il lui assigne dans la discussion ?

ACTE II[1]

SCÈNE PREMIÈRE. CHARLOTTE, PIERROT.

CHARLOTTE. Nostre-dinse[2], Piarrot, tu t'es trouvé là bien à point.

PIERROT. Parquienne, il ne s'en est pas fallu l'épaisseur d'une éplinque, qu'ils ne se sayant nayés tous deux.

5 **CHARLOTTE.** C'est donc le coup de vent da matin qui les avait ranvarsés dans la mar ?

PIERROT. Aga, guien, Charlotte, je m'en vas te conter tout fin drait comme cela est venu : car, comme dit l'autre, je les ai le premier avisés, avisés le premier je les ai. Enfin 10 donc j'estions sur le bord de la mar, moi et le gros Lucas, et je nous amusions à batifoler avec des mottes de tarre que je nous jesquions à la teste : car comme tu sais bian, le gros Lucas aime à batifoler, et moi par fouas je batifole itou. En batifolant donc, pisque batifoler y a, j'ai aparçu de tout loin 15 queuque chose qui grouillait dans gliau[3], et qui venait comme envars nous par secousse. Je voyais cela fixiblement, et pis tout d'un coup je voyais que je ne voyais plus rien. « Eh, Lucas, ç'ai-je fait, je pense que vlà des hommes qui nageant là-bas. – Voire, ce m'a-t-il fait, t'as esté au 20 trépassement d'un chat, t'as la vue trouble. – Pal sanquienne, ç'ai-je fait, je n'ai point la vue trouble : ce sont des hommes. – Point du tout, ce m'a-t-il fait, t'as la barlue. – Veux-tu gager, ç'ai-je fait, que je n'ai point la barlue, ç'ai-je fait, et que sont deux hommes, ç'ai-je fait, qui nageant 25 droit ici, ç'ai-je fait. – Morquenne, ce m'a-t-il fait, je gage que non. – Ô çà, ç'ai-je fait, veux-tu gager dix sols que si ?

---

1. D'après le marché du 3 décembre 1664, le décor du IIe acte est un hameau de verdure avec une grotte au travers de laquelle on voit la mer.
2. **Nostre-dinse** (Notre Dame), **Parquienne** (Par Dieu), **Palsanquienne** (Par le sang de Dieu), **Morquenne** (Par la mort de Dieu), **Aga, guien** (Regarde, tiens), **Ardez** (Regardez), **Mon Quien** (Mon Dieu) : autant de mots empruntés au patois des environs de Paris.
3. **Gliau :** l'eau.

– Je le veux bian, ce m'a-t-il fait ; et pour te montrer, vlà argent su jeu », ce m'a-t-il fait. Moi, je n'ai point esté ni fou, ni estourdi ; j'ai bravement bouté[1] à tarre quatre pièces
30 tapées, et cinq sols en doubles[2], jergniguenne, aussi hardiment que si j'avais avalé un varre de vin : car je ses hazardeux moi, et je vas à la débandade[3]. Je savais bian ce que je faisais pourtant. Queuque gniais[4] ! Enfin donc, je n'avons pas putost eu gagé que j'avons vu les deux hommes tout à plain[5],
35 qui nous faisiant signe de les aller quérir ; et moi de tirer auparavant les enjeux. « Allons, Lucas, ç'ai-ju dit, tu vois bian qu'ils nous appelont : allons vite à leu secours. – Non, ce m'a-t-il dit, ils m'ont fait pardre. » Ô donc, tanquia qu'à la parfin, pour le faire court, je l'ai tant sarmonné, que je nous
40 sommes boutés dans une barque, et pis j'avons tant fait cahin caha, que je les avons tirés de gliau, et pis je les avons menés cheux nous auprès du feu, et pis ils se sant depouillés tous nus pour se sécher, et pis il y en est venu encor deux de la mesme bande, qui s'equiant sauvés tout seuls, et pis Mathu-
45 rine est arrivée là, à qui l'en a fait les doux yeux. Vlà justement, Charlotte, comme tout ça s'est fait.

CHARLOTTE. Ne m'as-tu pas dit, Piarrot, qu'il y en a un qu'est bien pu mieux fait que les autres ?

PIERROT. Oui, c'est le maître. Il faut que ce soit queuque
50 gros gros Monsieur, car il a du dor à son habit tout depis le haut jusqu'en bas ; et ceux qui le servont sont des Monsieux eux-mesmes, et stapandant, tout gros Monsieur qu'il est, il serait, par ma fique[6], nayé si je n'aviomme esté là.

CHARLOTTE. Ardez un peu.

---

1. **Bouté :** mis (voir plus loin **bouter**, II, 3).
2. **Quatre pièces tapées :** « des sols marqués d'une fleur de lys au milieu, ce qui augmentait leur valeur » (Furetière) ; le **double** valait deux deniers, c'est-à-dire 1/6 de sol.
3. **À la débandade :** « à la manière de soldats qui se débandent, qui vivent en libertinage et sans discipline » (Dict. de Furetière).
4. **Queuque gniais :** un sot, à ma place, ne l'aurait pas su.
5. **Tout à plain :** juste devant nous.
6. **Par ma fique :** par ma foi.

55 **PIERROT.** Ô ! parquenne, sans nous, il en avait pour sa maine de fèves[1].

CHARLOTTE. Est-il encore cheux toi tout nu, Piarrot ?

PIERROT. Nannain : ils l'avont r'habillé tout devant nous. Mon quieu, je n'en avais jamais vu s'habiller. Que d'histoires 60 et d'angigorniaux[2] boutont ces Messieus-là les courtisans. Je me pardrais là dedans, pour moi, et j'estais tout ebobi de voir ça. Quien, Charlotte, ils avont des cheveux qui ne tenont point à leu teste ; et ils boutont ça après tout, comme un gros bonnet de filace. Ils ant des chemises qui ant des manches où 65 j'entrerions tout brandis[3], toi et moi. En glieu de haut-de-chausse[4], ils portont un garde-robe[5] aussi large que d'ici à Pasque ; en glieu de pourpoint[6], de petites brassières[7], qui ne leu venont pas jusqu'au brichet[8] ; et en glieu de rabats[9] un grand mouchoir de cou à reziau[10] aveuc quatre grosses 70 houppes de linge qui leu pendont sur l'estomaque. Ils avont itou d'autres petits rabats au bout des bras, et de grands entonnois de passement[11] aux jambes, et parmi tout ça tant de rubans, tant de rubans, que c'est une vraie piquié. Ignia pas jusqu'aux souliers qui n'en soient farcis tout depuis un

---

1. **Il en avait pour sa maine de fèves :** il en avait son comptant (*maine :* mine, mesure de capacité).
2. **Angigorniaux :** ornements, accessoires tarabiscotés.
3. **Tout brandis :** d'après Littré, « tout comme nous sommes, sans avoir à nous recroqueviller », tout droits.
4. **Haut-de-chausse :** partie inférieure du vêtement des hommes, allant de la ceinture aux genoux.
5. **Garde-robe :** sorte de tablier (leur haut-de-chausse est si large qu'il ressemble à un tablier).
6. **Pourpoint :** partie supérieure du vêtement des hommes allant du cou à la ceinture.
7. **Brassières :** chemises de femme.
8. **Brichet :** bréchet, sternum, estomac.
9. **Rabats :** col.
10. **Un grand mouchoir de cou à reziau :** une grande collerette de dentelle (réseau).
11. **De grands entonnois de passement :** de grands entonnoirs de dentelles.

75 bout jusqu'à l'autre ; et ils sont faits d'eune façon que je me romprais le cou aveuc[1].

CHARLOTTE. Par ma fi, Piarrot, il faut que j'aille voir un peu ça.

PIERROT. Ô ! acoute un peu auparavant, Charlotte : j'ai
80 queuque autre chose à te dire, moi.

CHARLOTTE. Et bian, dis, qu'est-ce que c'est ?

PIERROT. Vois-tu, Charlotte, il faut, comme dit l'autre, que je débonde mon cœur. Je t'aime, tu le sais bian, et je sommes pour estre mariés ensemble ; mais marquenne, je ne
85 suis point satisfait de toi.

CHARLOTTE. Quement ? qu'est-ce que c'est donc qu'iglia ?

PIERROT. Iglia que tu me chagraignes l'esprit, franchement.

CHARLOTTE. Et quement donc ?

PIERROT. Testiguienne, tu ne m'aimes point.

90 **CHARLOTTE.** Ah ! ah ! n'est que ça ?

PIERROT. Oui, ce n'est que ça, et c'est bian assez.

CHARLOTTE. Mon quieu, Piarrot, tu me viens toujou dire la mesme chose.

PIERROT. Je te dis toujou la mesme chose, parce que c'est
95 toujou la mesme chose ; et si ce n'était pas toujou la mesme chose, je ne te dirais pas toujou la mesme chose.

CHARLOTTE. Mais, qu'est-ce qu'il te faut ? Que veux-tu ?

PIERROT. Jerniquenne ! je veux que tu m'aimes.

CHARLOTTE. Est-ce que je ne t'aime pas ?

100 **PIERROT.** Non, tu ne m'aimes pas ; et si[2] je fais tout ce que je pis pour ça : je t'achète, sans reproche, des rubans à tous les marciers qui passont ; je me romps le cou à t'aller dénicher des marles ; je fais jouer pour toi les vielleux[3] quand

---

1. Ces souliers avaient de très hauts talons.
2. **Et si :** et pourtant.
3. **Vielleux :** musiciens qui jouent de la vielle.

ce vient ; ta feste ; et tout ça, comme si je me frappais la teste
105 contre un mur. Vois-tu, ça n'est ni biau ni honneste de
n'aimer pas les gens qui nous aimont.

CHARLOTTE. Mais, mon guieu, je t'aime aussi.

PIERROT. Oui, tu m'aimes d'une belle déguaine[1].

CHARLOTTE. Quement veux-tu donc qu'on fasse ?

110 **PIERROT.** Je veux que l'en fasse comme l'en fait quand l'en
aime comme il faut.

CHARLOTTE. Ne t'aimé-je pas aussi comme il faut ?

PIERROT. Non : quand ça est, ça se voit, et l'en fait mille
petites singeries aux personnes quand on les aime du bon
115 du cœur. Regarde la grosse Thomasse[2] comme elle est
assotée[3] du jeune Robain : alle est toujou autour de li à
l'agacer, et ne le laisse jamais en repos ; toujou al li fait
queuque niche, ou li baille[4] quelque taloche en passant ; et
l'autre jour qu'il estait assis sur un escabiau, al fut le tirer
120 de dessous li, et le fit choir tout de son long par tarre. Jarni !
vlà où l'en voit les gens qui aimont ; mais toi, tu ne me dis
jamais mot, t'es toujou là comme eune vraie souche de
bois ; et je passerais vingt fois devant toi, que tu ne te
grouillerais[5] pas pour me bailler le moindre coup, ou me
125 dire la moindre chose. Ventrequenne ! ça n'est pas bian,
après tout, et t'es trop froide pour les gens.

CHARLOTTE. Que veux-tu que j'y fasse ? c'est mon
himeur, et je ne me pis refondre.

PIERROT. Ignia himeur qui quienne. Quand en a de
130 l'amiquié pour les personnes, l'an en baille toujou queuque
petite signifiance.

---

1. **D'une belle déguaine :** « de mauvaise grâce, d'une vilaine manière »
(Furetière).
2. La fille de Thomas.
3. **Assotée :** éprise.
4. **Baille :** donne.
5. **Tu ne te grouillerais pas :** tu ne bougerais pas.

CHARLOTTE. Enfin, je t'aime tout autant que je pis, et si tu n'es pas content de ça, tu n'as qu'à en aimer queuque autre.

135 **PIERROT.** Eh bien ! vlà pas mon compte. Testigué ! si tu m'aimais, me dirais-tu ça ?

CHARLOTTE. Pourquoi me viens-tu aussi tarabuster l'esprit ?

PIERROT. Morqué ! queu mal te fais-je ? Je ne te demande
140 qu'un peu d'amiquié.

CHARLOTTE. Eh bian ! laisse faire aussi, et ne me presse point tant. Peut-être que ça viendra tout d'un coup sans y songer.

PIERROT. Touche donc là[1], Charlotte.

145 **CHARLOTTE.** Eh bien ! quien.

PIERROT. Promets-moi donc que tu tâcheras de m'aimer davantage.

CHARLOTTE. J'y ferai tout ce que je pourrai, mais il faut que ça vienne de lui-même. Piarrot, est-ce là ce Monsieur ?

150 **PIERROT.** Oui, le vlà.

CHARLOTTE. Ah ! mon quieu, qu'il est genti[2], et que ç'aurait été dommage qu'il eût esté nayé !

PIERROT. Je revians tout à l'heure[3] ; je m'en vas boire chopaine, pour me rebouter tant soit peu de la fatigue que
155 j'ais eue.

SCÈNE 2. Dom Juan, Sganarelle, Charlotte.

DOM JUAN. Nous avons manqué notre coup, Sganarelle, et cette bourrasque imprévue a renversé avec notre barque le projet que nous avions fait ; mais, à te dire vrai, la paysanne que je viens de quitter répare ce malheur, et je lui ai trouvé

---

1. **Touche donc là** : touche-moi la main (en signe d'engagement).
2. **Qu'il est genti** : qu'il a belle allure.
3. **Tout à l'heure** : tout de suite.

Le spectateur est dépaysé, car il est en présence de nouveaux personnages, issus d'un milieu social différent, et qui usent d'un autre langage : des paysans. Que viennent-ils faire dans l'action ?

STRATÉGIES : un paysan de Molière

1. Citez, dans les propos de Pierrot, les expressions montrant qu'il cherche à tirer de son récit quelque prestige aux yeux de sa promise.

2. Dom Juan est ici décrit de manière bouffonne comme un « petit marquis ». Quel est ici le procédé fondamental du comique ? En quoi cela crée-t-il une ambiguïté nouvelle quant à son paraître ?

3. Le public du parterre, au XVIIe siècle, rit volontiers de ces effets qui paraissent faciles à nos yeux. Montrez, au moyen de quelques exemples, que Molière conçoit un langage artificiel, assez coloré pour faire rire, mais assez clair pour être compris du spectateur. Pouvez-vous en citer d'autres cas dans les comédies de Molière ?

REGISTRES ET TONALITÉS : les nuances du comique

4. Molière introduit ici une scène de dépit amoureux ; retrouvez-en d'autres dans le théâtre de Molière (outre *Le Dépit amoureux*, voir *Le Tartuffe* ou *Le Bourgeois gentilhomme*). Ici, Pierrot est-il seulement comique ?

5. Ce dialogue amoureux fait pendant, sur un autre mode, à celui de l'acte I. Peut-on ici parler d'un effet de parodie ? Relevez ce qui peut opposer les conceptions de l'amour prônées par Pierrot et par Dom Juan, notamment sur les thèmes de la fidélité et de la réciprocité.

5 des charmes qui effacent de mon esprit tout le chagrin que
me donnait le mauvais succès de notre entreprise. Il ne faut
pas que ce cœur m'échappe, et j'y ai déjà jeté des dispositions
à ne pas me souffrir longtemps de pousser des soupirs[1].

SGANARELLE. Monsieur, j'avoue que vous m'étonnez[2]. À
10 peine sommes-nous échappés d'un péril de mort, qu'au lieu
de rendre grâce au Ciel de la pitié qu'il a daigné prendre de
nous, vous travaillez tout de nouveau à attirer sa colère par
vos fantaisies accoutumées et vos amours cr... Paix ! coquin
que vous êtes ; vous ne savez ce que vous dites, et Monsieur
15 sait ce qu'il fait. Allons.

DOM JUAN, *apercevant Charlotte.* Ah ! ah ! d'où sort cette
autre paysanne, Sganarelle ? As-tu rien vu de plus joli ? et ne
trouves-tu pas, dis-moi, que celle-ci vaut bien l'autre ?

SGANARELLE. Assurément. Autre pièce nouvelle.

20 **DOM JUAN.** D'où me vient, la belle, une rencontre si agréable ? Quoi ? dans ces lieux champêtres, parmi ces arbres et ces
rochers, on trouve des personnes faites comme vous êtes ?

CHARLOTTE. Vous voyez, Monsieur.

DOM JUAN. Êtes-vous de ce village ?

25 **CHARLOTTE.** Oui, Monsieur.

DOM JUAN. Et vous y demeurez ?

CHARLOTTE. Oui, Monsieur.

DOM JUAN. Vous vous appelez ?

CHARLOTTE. Charlotte, pour vous servir.

30 **DOM JUAN.** Ah ! la belle personne, et que ses yeux sont
pénétrants !

CHARLOTTE. Monsieur, vous me rendez toute honteuse.

DOM JUAN. Ah ! n'ayez point de honte d'entendre dire
vos vérités. Sganarelle, qu'en dis-tu ? Peut-on rien voir de
35 plus agréable ? Tournez-vous un peu, s'il vous plaît. Ah !

---

1. À ne pas [...] soupirs : de manière à ne pas rester longtemps à soupirer
sans résultat.
2. Vous m'étonnez : vous me déconcertez (sens très fort au XVIIᵉ siècle).

que cette taille est jolie ! Haussez un peu la tête, de grâce.
Ah ! que ce visage est mignon ! Ouvrez vos yeux entièrement. Ah ! qu'ils sont beaux ! Que je voie un peu vos dents,
je vous prie. Ah ! qu'elles sont amoureuses[1], et ces lèvres
40 appétissantes ! Pour moi, je suis ravi, et je n'ai jamais vu une
si charmante personne.

CHARLOTTE. Monsieur, cela vous plaît à dire, et je ne sais
pas si c'est pour vous railler de moi.

DOM JUAN. Moi, me railler de vous ? Dieu m'en garde !
45 Je vous aime trop pour cela, et c'est du fond du cœur que
je vous parle.

CHARLOTTE. Je vous suis bien obligée, si ça est.

DOM JUAN. Point du tout ; vous ne m'êtes point obligée
de tout ce que je dis, et ce n'est qu'à votre beauté que vous
50 en êtes redevable.

CHARLOTTE. Monsieur, tout ça est trop bien dit pour moi,
et je n'ai pas d'esprit pour vous répondre.

DOM JUAN. Sganarelle, regarde un peu ses mains.

CHARLOTTE. Fi ! Monsieur, elles sont noires comme je ne
55 sais quoi.

DOM JUAN. Ha ! que dites-vous là ? Elles sont les plus
belles du monde ; souffrez que je les baise, je vous prie.

CHARLOTTE. Monsieur, c'est trop d'honneur que vous me
faites, et si j'avais su ça tantôt, je n'aurais pas manqué de les
60 laver avec du son.

DOM JUAN. Et dites-moi un peu, belle Charlotte, vous
n'êtes pas mariée, sans doute ?

CHARLOTTE. Non, Monsieur ; mais je dois bientôt l'être
avec Piarrot, le fils de la voisine Simonette.

65 **DOM JUAN.** Quoi ? une personne comme vous serait la
femme d'un simple paysan ! Non, non : c'est profaner tant de
beautés, et vous n'êtes pas née pour demeurer dans un
village. Vous méritez sans doute une meilleure fortune[2], et

---

1. **Amoureuses :** ici, dignes d'être aimées.
2. Vous méritez sans aucun doute un sort meilleur.

le Ciel, qui le connaît[1] bien, m'a conduit ici tout exprès pour
70 empêcher ce mariage, et rendre justice à vos charmes ; car
enfin, belle Charlotte, je vous aime de tout mon cœur, et il
ne tiendra qu'à vous que je vous arrache de ce misérable lieu,
et ne vous mette dans l'état où vous méritez d'être. Cet
amour est bien prompt sans doute ; mais quoi ? c'est un effet,
75 Charlotte, de votre grande beauté, et l'on vous aime autant
en un quart d'heure, qu'on ferait une autre en six mois.

CHARLOTTE. Aussi vrai, Monsieur, je ne sais comment
faire quand vous parlez. Ce que vous dites me fait aise, et
j'aurais toutes les envies du monde de vous croire ; mais on
80 m'a toujou dit qu'il ne faut jamais croire les Monsieux, et
que vous autres courtisans êtes des enjoleus, qui ne songez
qu'à abuser[2] les filles.

DOM JUAN. Je ne suis pas de ces gens-là.

SGANARELLE. Il n'a garde.

85 **CHARLOTTE.** Voyez-vous, Monsieur, il n'y a pas plaisir à se
laisser abuser. Je suis une pauvre paysanne ; mais j'ai
l'honneur en recommandation[3], et j'aimerais mieux me voir
morte que de me voir déshonorée.

DOM JUAN. Moi, j'aurais l'âme assez méchante pour
90 abuser une personne comme vous ? Je serais assez lâche pour
vous déshonorer ? Non, non : j'ai trop de conscience pour
cela. Je vous aime, Charlotte, en tout bien et en tout
honneur ; et pour vous montrer que je vous dis vrai, sachez
que je n'ai point d'autre dessein que de vous épouser : en
95 voulez-vous un plus grand témoignage ? M'y voilà prêt
quand vous voudrez ; et je prends à témoin l'homme que
voilà de la parole que je vous donne.

SGANARELLE. Non, non, ne craignez point : il se mariera
avec vous tant que vous voudrez.

100 **DOM JUAN.** Ah ! Charlotte, je vois bien que vous ne me
connaissez pas encore. Vous me faites grand tort de juger de

---

1. **Connaît** : sait.
2. **Abuser** : tromper.
3. **J'ai l'honneur en recommandation** : mon honneur m'est très cher.
Voir p. 164.

moi par les autres ; et s'il y a des fourbes dans le monde, des gens qui ne cherchent qu'à abuser des filles, vous devez me tirer du nombre, et ne pas mettre en doute la sincérité de ma foi. Et
105 puis votre beauté vous assure de tout. Quand on est faite comme vous, on doit être à couvert de toutes ces sortes de crainte ; vous n'avez point l'air, croyez-moi, d'une personne qu'on abuse ; et pour moi, je l'avoue, je me percerais le cœur de mille coups, si j'avais eu la moindre pensée de vous trahir.

110 **CHARLOTTE.** Mon Dieu ! je ne sais si vous dites vrai, ou non ; mais vous faites que l'on vous croit.

DOM JUAN. Lorsque vous me croirez, vous me rendrez justice assurément, et je vous réitère encore la promesse que je vous ai faite. Ne l'acceptez-vous pas, et ne voulez-vous pas
115 consentir à être ma femme ?

CHARLOTTE. Oui, pourvu que ma tante le veuille.

DOM JUAN. Touchez donc là, Charlotte, puisque vous le voulez bien de votre part.

CHARLOTTE. Mais au moins, Monsieur, ne m'allez pas
120 tromper, je vous prie : il y aurait de la conscience à vous[1], et vous voyez comme j'y vais à la bonne foi[2].

DOM JUAN. Comment ? Il semble que vous doutiez encore de ma sincérité ! Voulez-vous que je fasse des serments épouvantables ? Que le Ciel…

125 **CHARLOTTE.** Mon Dieu, ne jurez point, je vous crois.

DOM JUAN. Donnez-moi donc un petit baiser pour gage de votre parole.

CHARLOTTE. Oh ! Monsieur, attendez que je soyons mariés, je vous prie ; après ça, je vous baiserai tant que vous voudrez.

130 **DOM JUAN.** Eh bien ! belle Charlotte, je veux tout ce que vous voulez ; abandonnez-moi seulement votre main, et souffrez que, par mille baisers, je lui exprime le ravissement où je suis…

---

1. Ce serait pour vous un cas de conscience, un motif de remords.
2. **À la bonne foi :** de bonne foi.

SITUER

Un nouvel aspect du héros nous est dévoilé puisqu'on le voit, si l'on peut dire, en action : il va séduire une femme.

RÉFLÉCHIR

PERSONNAGES : le coq et la dinde

1. Comment Molière procède-t-il pour montrer que Dom Juan est animé par un désir brut ? Le « grand seigneur méchant homme » considère-t-il Charlotte comme un être humain ? Justifiez votre réponse.

2. Bien que Charlotte fasse preuve de naïveté et de vanité, n'a-t-elle pas également des qualités ?

3. Quelle est à ce moment l'attitude de Sganarelle ? Comment l'expliquez-vous ?

STRATÉGIES : les jeux de la séduction

4. Quelle attitude Dom Juan adopte-t-il pour séduire Charlotte ? Quels sont les sentiments qu'il feint d'éprouver et les arguments qu'il emploie ? (Voir p. 148 et 169-170.)

5. Montrez, à l'aide d'exemples, que Dom Juan adapte son discours au statut de la paysanne, et qu'elle-même s'efforce de châtier son langage devant le grand seigneur. (Comparez son langage à celui qu'elle a avec Pierrot dans la scène précédente.)

SOCIÉTÉ : le réalisme social

6. Au contraire de son devancier le poète espagnol Tirso de Molina, Molière ne fait pas de Charlotte une bergère de pastorale au discours galant, mais oriente la peinture du personnage vers plus de réalisme. Quel peut être, selon vous, le but de ce procédé ? En quoi peut-il modifier la portée de la pièce ?

ÉCRIRE

Remaniez la scène (à partir de la l. 84) en montrant un Sganarelle apitoyé, désireux de détromper Charlotte dans le dos de son maître ; vous imaginerez ses répliques ambiguës susceptibles de la détourner du piège tendu par Dom Juan, et vous indiquerez sous forme de didascalies ses gestes et ses mimiques.

SCÈNE 3. DOM JUAN, SGANARELLE, PIERROT, CHARLOTTE.

PIERROT, *se mettant entre deux et poussant Dom Juan.* Tout doucement, Monsieur, tenez-vous, s'il vous plaît. Vous vous échauffez trop, et vous pourriez gagner la purésie[1].

DOM JUAN, *repoussant rudement Pierrot.* Qui[2] m'amène
5 cet impertinent ?

PIERROT. Je vous dis qu'ou vous tegniez[3], et qu'ou ne caressiais point nos accordées[4].

DOM JUAN *continue de le repousser.* Ah ! que de bruit !

PIERROT. Jerniquenne ! ce n'est pas comme ça qu'il faut
10 pousser les gens.

CHARLOTTE, *prenant Pierrot par le bras.* Et laisse-le faire aussi, Piarrot.

PIERROT. Quement ? que je le laisse faire ? Je ne veux pas, moi.

DOM JUAN. Ah !

15 **PIERROT.** Testiguenne ! parce qu'ous êtes Monsieu, ous viendrez caresser nos femmes à notre barbe ? Allez-v's-en caresser les vôtres.

DOM JUAN. Heu ?

PIERROT. Heu. *(Dom Juan lui donne un soufflet.)* Testi-
20 gué ! ne me frappez pas. *(Autre soufflet.)* Oh ! jernigué !
(Autre soufflet.) Ventrequé ! *(Autre soufflet.)* Palsanqué !
Morquenne ! ça n'est pas bian de battre les gens, et ce n'est
pas là la récompense de v's avoir sauvé d'estre nayé.

CHARLOTTE. Piarrot, ne te fâche point.

25 **PIERROT.** Je me veux fâcher ; et t'es une vilaine, toi,
d'endurer qu'on te cajole.

---

1. **Purésie :** pleurésie.
2. **Qui :** qu'est-ce qui.
3. **Qu'ou vous tegniez :** que vous vous reteniez.
4. **Accordées :** fiancées.

CHARLOTTE. Oh ! Piarrot, ce n'est pas ce que tu penses. Ce Monsieur veut m'épouser, et tu ne dois pas te bouter en colère.

PIERROT. Quement ? Jerni ! tu m'es promise.

30 **CHARLOTTE.** Ça n'y fait rien, Piarrot. Si tu m'aimes, ne dois-tu pas être bien aise que je devienne Madame ?

PIERROT. Jerniqué ! non. J'aime mieux te voir crevée que de te voir à un autre.

CHARLOTTE. Va, va, Piarrot, ne te mets point en peine : si 35 je sis Madame, je te ferai gagner queuque chose, et tu apporteras du beurre et du fromage cheux nous.

PIERROT. Ventrequenne ! je gni en porterai jamais, quand tu m'en poyrais deux fois autant. Est-ce donc comme ça que t'escoutes ce qu'il te dit ? Morquenne ! si j'avais su ça 40 tantost, je me serais bian gardé de le tirer de gliau, et je gli aurais baillé un bon coup d'aviron sur la teste.

DOM JUAN, *s'approchant de Pierrot pour le frapper.* Qu'est-ce que vous dites ?

PIERROT, *s'éloignant derrière Charlotte.* Jerniquenne ! je ne 45 crains parsonne.

DOM JUAN *passe du côté où est Pierrot.* Attendez-moi un peu.

PIERROT *repasse de l'autre côté de Charlotte.* Je me moque de tout, moi.

DOM JUAN *court après Pierrot.* Voyons cela.

50 **PIERROT** *se sauve encore derrière Charlotte.* J'en avons bien vu d'autres.

DOM JUAN. Houais !

SGANARELLE. Eh ! Monsieur, laissez là ce pauvre misérable. C'est conscience[1] de le battre. Écoute[2], mon 55 pauvre garçon, retire-toi, et ne lui dis rien.

PIERROT *passe devant Sganarelle, et dit fièrement à Dom Juan.* Je veux lui dire, moi.

---

1. Ce serait pour vous un motif de remords.
2. Sganarelle s'adresse ici à Pierrot.

DOM JUAN *lève la main pour donner un soufflet à Pierrot,*
qui baisse la tête, et Sganarelle reçoit le soufflet. Ah ! je vous
60 apprendrai.

SGANARELLE, *regardant Pierrot qui s'est baissé pour éviter le*
soufflet. Peste soit du maroufle[1] !

DOM JUAN. Te voilà payé de ta charité.

PIERROT. Jarni ! je vas dire à sa tante tout ce ménage[2]-ci.

65 **DOM JUAN.** Enfin je m'en vais être le plus heureux de tous
les hommes, et je ne changerais pas mon bonheur à[3] toutes
les choses du monde. Que de plaisirs quand vous serez ma
femme ! et que...

SCÈNE 4. DOM JUAN, SGANARELLE, CHARLOTTE, MATHURINE.

SGANARELLE, *apercevant Mathurine.* Ah ! ah !

MATHURINE, *à Dom Juan.* Monsieur, que faites-vous donc
là avec Charlotte ? Est-ce que vous lui parlez d'amour aussi ?

DOM JUAN, *à Mathurine.* Non, au contraire, c'est elle qui
5 me témoignait une envie d'être ma femme, et je lui répon-
dais que j'étais engagé à vous.

CHARLOTTE. Qu'est-ce que c'est donc que vous veut
Mathurine ?

DOM JUAN, *bas, à Charlotte.* Elle est jalouse de me voir
10 vous parler, et voudrait bien que je l'épousasse ; mais je lui
dis que c'est vous que je veux.

MATHURINE. Quoi ? Charlotte...

DOM JUAN, *bas, à Mathurine.* Tout ce que vous lui direz
sera inutile ; elle s'est mis cela dans la tête.

15 **CHARLOTTE.** Quement donc ! Mathurine...

---

1. **Maroufle :** rustre, coquin.
2. **Ménage :** conduite.
3. **À :** contre.

SITUER

Le paysan Pierrot revient alors que Dom Juan fait la cour à sa promise.

RÉFLÉCHIR

PERSONNAGES : transformation de l'image du héros

1. Cet affrontement inégal ne grandit pas Dom Juan. Outre le soufflet qu'il donne à son sauveteur, comment son mépris pour le paysan se manifeste-t-il ? Que révèle le commentaire qu'il adresse à Sganarelle ?

2. Dom Juan est-il gêné par la situation ? Pourquoi peut-on dire qu'il perd là toute sa dignité ?

3. Montrez qu'en dépit de son attitude, il trouve des alliés en Charlotte et Sganarelle. Comment l'expliquez-vous ? Que trahit le comportement de Charlotte et le ton protecteur qu'elle emploie envers Pierrot ?

REGISTRES ET TONALITÉS : le malaise du spectateur

4. D'où naît le pathétique de ce passage ? Pourquoi Pierrot ne peut-il se défendre ? Citez la phrase qui traduit la violence de sa réaction devant tant d'injustice et d'ingratitude.

5. Quels sont les effets farcesques ? Où se situent-ils ? Quelle est leur fonction dramatique ?

6. Molière fait cohabiter avec virtuosité des éléments pathétiques avec des effets de farce : quelle est la nature du rire qui peut en résulter ?

MISE EN SCÈNE : mise en scène, mise en sens

7. Cette boutade célèbre des gens de théâtre souligne la plasticité d'un texte théâtral, qui peut permettre des représentations diverses d'une même scène. Si vous deviez monter la pièce, quelle tonalité choisiriez-vous ? Quels sont les éléments du texte (répliques, gestes, déplacements) que vous souhaiteriez privilégier ? Pourquoi ?

DOM JUAN, *bas, à Charlotte.* C'est en vain que vous lui parlerez ; vous ne lui ôterez point cette fantaisie[1].

MATHURINE. Est-ce que… ?

DOM JUAN, *bas, à Mathurine.* Il n'y a pas moyen de lui faire entendre raison.

CHARLOTTE. Je voudrais…

DOM JUAN, *bas, à Charlotte.* Elle est obstinée comme tous les diables.

MATHURINE. Vramant…

DOM JUAN, *bas, à Mathurine.* Ne lui dites rien, c'est une folle.

CHARLOTTE. Je pense…

DOM JUAN, *bas, à Charlotte.* Laissez-la là, c'est une extravagante.

MATHURINE. Non, non : il faut que je lui parle.

CHARLOTTE. Je veux voir un peu ses raisons.

MATHURINE. Quoi ?…

DOM JUAN, *bas, à Mathurine.* Je gage qu'elle va vous dire que je lui ai promis de l'épouser.

CHARLOTTE. Je…

DOM JUAN, *bas, à Charlotte.* Gageons qu'elle vous soutiendra que je lui ai donné parole de la prendre pour femme.

MATHURINE. Holà ! Charlotte, ça n'est pas bien de courir sur le marché des autres[2].

CHARLOTTE. Ça n'est pas honnête, Mathurine, d'être jalouse que Monsieur me parle.

MATHURINE. C'est moi que Monsieur a vue la première.

CHARLOTTE. S'il vous a vue la première, il m'a vue la seconde, et m'a promis de m'épouser.

---

1. **Fantaisie :** illusion.
2. **Courir sur le marché des autres :** « on le dit figurément pour dire : vouloir emporter sur un autre une chose à quoi il a prétendu le premier » (Dict. de l'Académie, 1694).

DOM JUAN, *bas, à Mathurine.* Eh bien ! que vous ai-je dit ?

45 **MATHURINE.** Je vous baise les mains[1], c'est moi, et non pas vous, qu'il a promis d'épouser.

DOM JUAN, *bas, à Charlotte.* N'ai-je pas deviné ?

CHARLOTTE. À d'autres, je vous prie ; c'est moi, vous dis-je.

MATHURINE. Vous vous moquez des gens ; c'est moi,
50 encore un coup.

CHARLOTTE. Le vlà qui est pour le dire, si je n'ai pas raison.

MATHURINE. Le vlà qui est pour me démentir, si je ne dis pas vrai.

CHARLOTTE. Est-ce, Monsieur, que vous lui avez promis
55 de l'épouser ?

DOM JUAN, *bas, à Charlotte.* Vous vous raillez de moi.

MATHURINE. Est-il vrai, Monsieur, que vous lui avez donné parole d'être son mari ?

DOM JUAN, *bas, à Mathurine.* Pouvez-vous avoir cette
60 pensée ?

CHARLOTTE. Vous voyez qu'al le soutient.

DOM JUAN, *bas, à Charlotte.* Laissez-la faire.

MATHURINE. Vous êtes témoin comme al l'assure.

DOM JUAN, *bas, à Mathurine.* Laissez-la dire.

65 **CHARLOTTE.** Non, non : il faut savoir la vérité.

MATHURINE. Il est question de juger ça.

CHARLOTTE. Oui, Mathurine, je veux que Monsieur vous montre votre bec jaune[2].

MATHURINE. Oui, Charlotte, je veux que Monsieur vous
70 rende un peu camuse[3].

---

1. Je vous baise les mains : je ne vous crois pas.
2. Montrer son bec jaune (ou **son béjaune**) **à quelqu'un :** lui montrer par un signe certain qu'il a tort. Un bec jaune ou un béjaune est un oison ; le mot désigne donc métaphoriquement un débutant.
3. Rendre quelqu'un camus signifie lui faire honte de ses ignorances ou de ses erreurs.

CHARLOTTE. Monsieur, vuidez la querelle, s'il vous plaît.

MATHURINE. Mettez-nous d'accord, Monsieur.

CHARLOTTE, *à Mathurine.* Vous allez voir.

MATHURINE, *à Charlotte.* Vous allez voir vous-même.

75 **CHARLOTTE,** *à Dom Juan.* Dites.

MATHURINE, *à Dom Juan.* Parlez.

DOM JUAN, *embarrassé, leur dit à toutes deux.* Que voulez-vous que je dise ? Vous soutenez également toutes deux que je vous ai promis de vous prendre pour femmes.
80 Est-ce que chacune de vous ne sait pas ce qui en est, sans qu'il soit nécessaire que je m'explique davantage ? Pourquoi m'obliger là-dessus à des redites ? Celle à qui j'ai promis effectivement n'a-t-elle pas en elle-même de quoi se moquer des discours de l'autre, et doit-elle se mettre en
85 peine, pourvu que j'accomplisse ma promesse ? Tous les discours n'avancent point les choses ; il faut faire et non pas dire, et les effets[1] décident mieux que les paroles. Aussi n'est-ce rien que par là que je vous veux mettre d'accord, et l'on verra, quand je me marierai, laquelle des deux a
90 mon cœur. *(Bas, à Mathurine.)* Laissez-lui croire ce qu'elle voudra. *(Bas, à Charlotte.)* Laissez-la se flatter dans son imagination. *(Bas, à Mathurine.)* Je vous adore. *(Bas, à Charlotte.)* Je suis tout à vous. *(Bas, à Mathurine.)* Tous les visages sont laids auprès du vôtre. *(Bas, à Charlotte.)* On
95 ne peut plus souffrir les autres quand on vous a vue. J'ai un petit ordre à donner ; je viens vous retrouver dans un quart d'heure.

CHARLOTTE, *à Mathurine.* Je suis celle qu'il aime, au moins.

100 **MATHURINE.** C'est moi qu'il épousera.

SGANARELLE. Ah ! pauvres filles que vous êtes, j'ai pitié de votre innocence, et je ne puis souffrir de vous voir courir à

---

1. **Effets :** actions.

votre malheur. Croyez-moi l'une et l'autre : ne vous amusez
point à tous les contes qu'on vous fait, et demeurez dans
105 votre village.

DOM JUAN, *revenant.* Je voudrais bien savoir pourquoi
Sganarelle ne me suit pas.

SGANARELLE. Mon maître est un fourbe ; il n'a dessein
que de vous abuser, et en a bien abusé d'autres ; c'est
110 l'épouseur du genre humain, et… *(Il aperçoit Dom Juan.)*
Cela est faux ; et quiconque vous dira cela, vous lui devez
dire qu'il en a menti. Mon maître n'est point l'épouseur du
genre humain, il n'est point fourbe, il n'a pas dessein de
vous tromper, et n'en a point abusé d'autres. Ah ! tenez, le
115 voilà ; demandez-le plutôt à lui-même.

DOM JUAN. Oui.

SGANARELLE. Monsieur, comme le monde est plein de
médisants, je vais au-devant des choses ; et je leur disais que,
si quelqu'un leur venait dire du mal de vous, elles se gardas-
120 sent bien de le croire, et ne manquassent pas de lui dire qu'il
en aurait menti.

DOM JUAN. Sganarelle…

SGANARELLE. Oui, Monsieur est homme d'honneur, je le
garantis tel.

125 **DOM JUAN.** Hon !

SGANARELLE. Ce sont des impertinents.

SCÈNE 5. DOM JUAN, LA RAMÉE, CHARLOTTE, MATHURINE, SGANARELLE.

LA RAMÉE. Monsieur, je viens vous avertir qu'il ne fait pas
bon ici pour vous.

DOM JUAN. Comment ?

LA RAMÉE. Douze hommes à cheval vous cherchent, qui
5 doivent arriver ici dans un moment ; je ne sais pas par quel
moyen ils peuvent vous avoir suivi ; mais j'ai appris cette
nouvelle d'un paysan qu'ils ont interrogé, et auquel ils vous

SITUER

Une nouvelle difficulté surgit : les deux rivales se rencontrent face au séducteur.

RÉFLÉCHIR

PERSONNAGES : un jeu ambigu

1. Montrez que cette situation, qui serait embarrassante pour n'importe quel homme, amuse au contraire le héros par son caractère insolite. Comment se manifeste le mépris de celui qui « jongle » (Alfred Simon) avec les autres ?

2. Quel sentiment éprouvez-vous à l'égard des deux paysannes ? Sont-elles punies pour leur vanité, leur jalousie et leur naïveté, ou sont-elles de pauvres malheureuses ?

GENRES : la stylisation du dialogue

3. Loin de se vouloir vraisemblable, la scène revêt ici une valeur symbolique ; pourquoi Molière a-t-il choisi de traduire le plaisir de Dom Juan au moyen de ce pur jeu de théâtre que sont les « ballets de paroles » (Robert Garapon) ? (Voir p. 168.)

4. Dom Juan tient à chacune des deux jeunes femmes le même discours en aparté ; étudiez-en les variantes, les effets de rythme et de symétrie.

ont dépeint. L'affaire presse, et le plus tôt que vous pourrez sortir d'ici sera le meilleur.

10 **DOM JUAN,** *à Charlotte et Mathurine.* Une affaire pressante m'oblige de partir d'ici ; mais je vous prie de vous ressouvenir de la parole que je vous ai donnée, et de croire que vous aurez de mes nouvelles avant qu'il soit demain au soir[1]. Comme la partie n'est pas égale, il faut user de strata-
15 gème, et éluder[2] adroitement le malheur qui me cherche. Je veux que Sganarelle se revête de mes habits, et moi...

SGANARELLE. Monsieur, vous vous moquez. M'exposer à être tué sous vos habits, et...

DOM JUAN. Allons vite, c'est trop d'honneur que je vous
20 fais, et bien heureux est le valet qui peut avoir la gloire de mourir pour son maître.

SGANARELLE. Je vous remercie d'un tel honneur. Ô Ciel, puisqu'il s'agit de mort, fais-moi la grâce de n'être point pris pour un autre !

---

1. L'édition de 1734 indique que Charlotte et Mathurine quittent la scène et que Dom Juan reste seul avec Sganarelle.
2. Éluder : éviter.

STRUCTURE : des épisodes apparemment disparates

L'acte II se situe en forte rupture avec l'acte I. Dom Juan donne, au début de la scène 2, l'explication de l'ellipse dramatique. Mais le fil de l'action n'est pas rompu.

1. À quel endroit de l'acte I Molière prépare-t-il le spectateur aux événements de l'acte II ? Comment fait-il pour que cette annonce s'intègre naturellement au discours du personnage ?

2. Pour quelles raisons peut-on dire que l'acte II constitue un épisode autonome ?

3. En quoi la scène 5 fait-elle ici le lien entre l'acte I et l'acte III ?

SOCIÉTÉ : la noblesse mise en cause

Le grand seigneur profite de son rang pour maltraiter les humbles ; la satire sociale visant à fustiger les comportements vicieux de certains nobles constitue l'une des dimensions centrales de la pièce.

4. Quels sont les éléments qui peuvent, à votre avis, tempérer cette satire, et pourquoi ?

PERSONNAGES : un héros décevant

L'image que nous avions du héros s'est sensiblement dégradée. La position de Sganarelle reste difficile…

5. À quel moment Dom Juan a-t-il paru méprisable ou ridicule ?

6. A-t-il quelque influence sur les événements ? D'ailleurs cherche-t-il à en avoir ? Pourquoi ? Quel est le résultat de ses efforts ?

7. Montrez que Sganarelle a plutôt de bonnes réactions dans le dos de son maître. Qu'est-ce qui le rend néanmoins complice de ses déportements ?

ACTE III[1]

SCÈNE PREMIÈRE. DOM JUAN, *en habit de campagne,* SGANARELLE, *en médecin.*

SGANARELLE. Ma foi, Monsieur, avouez que j'ai eu raison, et que nous voilà l'un et l'autre déguisés à merveille. Votre premier dessein n'était point du tout à propos, et ceci nous cache bien mieux que tout ce que vous vouliez faire.

5 **DOM JUAN.** Il est vrai que te voilà bien, et je ne sais où tu as été déterrer cet attirail ridicule.

SGANARELLE. Oui ? C'est l'habit d'un vieux médecin, qui a été laissé en gage au lieu où je l'ai pris, et il m'en a coûté de l'argent pour l'avoir. Mais savez-vous, Monsieur, que cet 10 habit me met déjà en considération, que je suis salué des gens que je rencontre, et que l'on me vient consulter ainsi qu'un habile homme ?

DOM JUAN. Comment donc ?

SGANARELLE. Cinq ou six paysans et paysannes, en me 15 voyant passer, me sont venus demander mon avis sur différentes maladies.

DOM JUAN. Tu leur as répondu que tu n'y entendais rien ?

SGANARELLE. Moi ? Point du tout. J'ai voulu soutenir l'honneur de mon habit : j'ai raisonné sur le mal, et leur ai 20 fait des ordonnances à chacun.

DOM JUAN. Et quels remèdes encore leur as-tu ordonnés ?

SGANARELLE. Ma foi ! Monsieur, j'en ai pris par où j'en ai pu attraper ; j'ai fait mes ordonnances à l'aventure, et ce serait une chose plaisante si les malades guérissaient, et 25 qu'on m'en vînt remercier.

---

1. D'après le marché du 3 décembre 1664, les scènes 1, 2, 3, 4 et la première partie de la scène 5 de l'acte III ont pour décor une forêt où l'on voit à l'arrière-plan « une manière de temple », c'est-à-dire une chapelle funéraire ; la seconde partie de la scène 5 se déroule à l'intérieur de cette chapelle, qui est le mausolée du Commandeur.

DOM JUAN. Et pourquoi non ? Par quelle raison n'aurais-tu pas les mêmes privilèges qu'ont tous les autres médecins ? Ils n'ont pas plus de part que toi aux guérisons des malades, et tout leur art est pure grimace[1]. Ils ne font rien que recevoir la gloire des heureux succès, et tu peux profiter comme eux du bonheur du malade, et voir attribuer à tes remèdes tout ce qui peut venir des faveurs du hasard et des forces de la nature.

SGANARELLE. Comment, Monsieur, vous êtes aussi impie en médecine ?

DOM JUAN. C'est une des grandes erreurs qui soient parmi les hommes.

SGANARELLE. Quoi ? vous ne croyez pas au séné[2], ni à la casse[3], ni au vin émétique[4] ?

DOM JUAN. Et pourquoi veux-tu que j'y croie ?

SGANARELLE. Vous avez l'âme bien mécréante. Cependant vous voyez, depuis un temps, que le vin émétique fait bruire ses fuseaux[5]. Ses miracles ont converti les plus incrédules esprits, et il n'y a pas trois semaines que j'en ai vu, moi qui vous parle, un effet merveilleux.

DOM JUAN. Et quel ?

SGANARELLE. Il y avait un homme qui, depuis six jours, était à l'agonie ; on ne savait plus que lui ordonner, et tous les remèdes ne faisaient rien ; on s'avisa à la fin de lui donner de l'émétique.

DOM JUAN. Il réchappa, n'est-ce pas ?

SGANARELLE. Non, il mourut.

DOM JUAN. L'effet est admirable.

---

1. **Grimace :** tromperie.
2. **Séné :** drogue laxative qui venait d'Éthiopie.
3. **Casse :** pulpe d'une gousse tropicale qui avait des vertus purgatives.
4. **Vin émétique :** préparation à base d'antimoine, remède purgatif très violent qui avait été longtemps décrié par les médecins parisiens, mais qui fut finalement autorisé en 1666 par une décision de la faculté de médecine et un arrêt du parlement de Paris.
5. **Faire bruire ses fuseaux :** faire du bruit, acquérir de la réputation.

SGANARELLE. Comment ? il y avait six jours entiers qu'il
55 ne pouvait mourir, et cela le fit mourir tout d'un coup.
Voulez-vous rien de plus efficace ?

DOM JUAN. Tu as raison.

SGANARELLE. Mais laissons là la médecine, où vous ne
croyez point, et parlons des autres choses, car cet habit me
60 donne de l'esprit, et je me sens en humeur de disputer[1] contre
vous. Vous savez bien que vous me permettez les disputes, et
que vous ne me défendez que les remontrances.

DOM JUAN.[2] Eh bien ?

SGANARELLE. Je veux savoir un peu vos pensées à fond.
65 Est-il possible que vous ne croyiez point du tout au Ciel ?

DOM JUAN. Laissons cela.

SGANARELLE. C'est-à-dire que non. Et à l'Enfer ?

DOM JUAN. Eh !

SGANARELLE. Tout de même[3]. Et au diable, s'il vous plaît ?
70 **DOM JUAN.** Oui, oui.

SGANARELLE. Aussi peu. Ne croyez-vous point l'autre vie ?

DOM JUAN. Ah ! ah ! ah !

SGANARELLE. Voilà un homme que j'aurai bien de la peine
à convertir. Et dites-moi un peu, [le Moine-Bourru[4], qu'en
75 croyez-vous, eh !

DOM JUAN. La peste soit du fat !

---

1. **Disputer :** débattre de façon contradictoire, comme on l'enseignait alors dans les collèges.
2. Dans l'édition censurée de 1682, une grande partie de la scène est supprimée, depuis cette réplique jusqu'à : « [...] que vous soyez damné ».
3. **Tout de même :** exactement de la même façon, tout pareillement.
4. Le Moine-Bourru était, selon Furetière, « un lutin qui, dans la croyance du peuple, court les rues aux avents de Noël et qui fait des cris effroyables ». Le qualificatif de *bourru* venait, selon Littré, du fait qu'il était représenté couvert de bourre ou de bure. Les passages entre crochets viennent de l'édition hollandaise non censurée de 1683.

SGANARELLE. Et voilà ce que je ne puis souffrir, car il n'y a rien de plus vrai que le Moine-Bourru, et je me ferais pendre pour celui-là. Mais] encore faut-il croire quelque chose [dans le
80 monde] : qu'est-ce [donc] que vous croyez ?

DOM JUAN. Ce que je crois ?

SGANARELLE. Oui.

DOM JUAN. Je crois que deux et deux sont quatre, Sganarelle, et que quatre et quatre sont huit[1].

85 **SGANARELLE.** La belle croyance [et les beaux articles de foi que voici] ! Votre religion[2], à ce que je vois, est donc l'arithmétique ? Il faut avouer qu'il se met d'étranges folies dans la tête des hommes, et que, pour avoir bien étudié on en est bien moins sage le plus souvent. Pour moi,
90 Monsieur, je n'ai point étudié comme vous, Dieu merci, et personne ne saurait se vanter de m'avoir jamais rien appris ; mais, avec mon petit sens[3], mon petit jugement, je vois les choses mieux que tous les livres, et je comprends fort bien que ce monde que nous voyons n'est pas un champignon,
95 qui soit venu tout seul en une nuit. Je voudrais bien vous demander qui a fait ces arbres-là, ces rochers, cette terre, et ce ciel que voilà là-haut, et si tout cela s'est bâti de lui-même. Vous voilà, vous, par exemple, vous êtes là : est-ce que vous vous êtes fait tout seul, et n'a-t-il pas fallu que
100 votre père ait engrossé votre mère pour vous faire ? Pouvez-vous voir toutes les inventions dont la machine de l'homme[4] est composée sans admirer de quelle façon cela est agencé l'un dans l'autre ? ces nerfs, ces os, ces veines, ces artères, ces... ce poumon, ce cœur, ce foie, et tous ces
105 autres ingrédients qui sont là, et qui... Oh ! dame, interrompez-moi donc si vous voulez. Je ne saurais disputer si l'on ne m'interrompt. Vous vous taisez exprès, et me laissez parler par belle malice.

---

1. Le mot était attribué au prince Maurice d'Orange-Nassau, qui était fils de Guillaume le Taciturne et qui mourut en 1625.
2. Voir p. 169.
3. Sens : bon sens.
4. Machine de l'homme : organisme humain.

DOM JUAN. J'attends que ton raisonnement soit fini.

110 **SGANARELLE.** Mon raisonnement est qu'il y a quelque chose d'admirable dans l'homme, quoi que vous puissiez dire, que tous les savants ne sauraient expliquer. Cela n'est-il pas merveilleux que me voilà ici, et que j'aie quelque chose dans la tête qui pense cent choses différentes en un moment, et fait de mon corps tout

115 ce qu'elle veut ? Je veux frapper des mains, hausser le bras, lever les yeux au ciel, baisser la tête, remuer les pieds, aller à droit, à gauche, en avant, en arrière, tourner…

Il se laisse tomber en tournant.

DOM JUAN. Bon ! voilà ton raisonnement qui a le nez cassé.

120 **SGANARELLE.** Morbleu ! je suis bien sot de m'amuser à raisonner avec vous. Croyez ce que vous voudrez : il m'importe bien que vous soyez damné !

DOM JUAN. Mais tout en raisonnant, je crois que nous sommes égarés. Appelle un peu cet homme que voilà là-bas, pour lui

125 demander le chemin.

SGANARELLE. Holà, ho, l'homme ! ho, mon compère ! ho, l'ami ! un petit mot s'il vous plaît.

SCÈNE 2. DOM JUAN, SGANARELLE, UN PAUVRE.

SGANARELLE. Enseignez-nous un peu le chemin qui mène à la ville.

LE PAUVRE. Vous n'avez qu'à suivre cette route, Messieurs, et détourner à main droite quand vous serez au bout de la forêt ; mais je vous donne avis que vous devez vous tenir sur vos gardes,

5 et que, depuis quelque temps, il y a des voleurs ici autour.

DOM JUAN. Je te suis bien obligé, mon ami, et je te rends grâce de tout mon cœur[1].

---

1. À partir de cette réplique, voici la fin de cette scène dans l'édition censurée de 1682 : « et je te rends grâce de tout mon cœur de ton bon avis. **SGANARELLE**, *regardant dans la forêt*. Ha, Monsieur, quel bruit, quel cliquetis ! **DOM JUAN**, *en se retournant*. Que vois-je là ? Un homme attaqué par trois autres ? La partie est trop inégale, et je ne dois pas souffrir cette lâcheté. *Il court au lieu du combat.* » Voir p. 28-29.)

ACTE III SCÈNE 1

SITUER

Nouveau changement de cadre. Dom Juan et Sganarelle, qui ont respectivement revêtu un habit de campagne et un habit de médecin, « s'en vont vers de nouvelles aventures ».

RÉFLÉCHIR

THÈMES : la religion

1. De quelle manière le thème nouveau de l'impiété religieuse (libertinage d'esprit) est-il lié à celui de la séduction (libertinage de mœurs) (voir p. 166-167) ? En quoi cela ménage-t-il un effet de *crescendo* ? Où l'impiété de Dom Juan a-t-elle déjà été annoncée ?

2. Dom Juan est aussi présenté par Sganarelle comme « impie en médecine ». Que pensez-vous de cette idée de Jacques Morel (Le Livre de Poche, p. 106) : « Qu'il soit réservé à un valet balourd de parler d'"impiété en médecine" n'empêche pas la scène d'insinuer que la crédulité des dévots procède d'une même insuffisance intellectuelle que celle des malades entêtés de leur médecin » ? Quelle conception Sganarelle a-t-il de la religion ?

3. Dom Juan se présente-t-il comme un athée convaincu, ou ne voit-il en la religion qu'un système de règles qu'il rejette comme les autres ? (Voir p. 162.) Justifiez votre réponse.

SOCIÉTÉ : la censure

4. L'audace de Molière dans cette scène lui a valu de sérieuses attaques. Pourquoi a-t-il, dès la seconde représentation, censuré la deuxième partie de la scène (depuis « Eh bien ? » (l. 63) jusqu'à « il m'importe bien que vous soyez damné » (l. 122) ?

5. Pourquoi était-il impossible de faire tenir au héros un discours explicitement athée ?

STRATÉGIES : une dispute théologique

6. Sganarelle, défenseur de la religion, recourt à la fois à des arguments bouffons mais aussi à un argument sérieux pour démontrer l'existence de Dieu ; quel est-il ? Son plaidoyer est-il de ce fait ambigu ou frappé de nullité ? À quels procédés le comique de son propos est-il dû ?

7. L'attitude des deux interlocuteurs est opposée : alors que Dom Juan, détaché et relativement peu intéressé, ne cherche pas à argumenter, Sganarelle joue un rôle moteur. À quoi le voyez-vous ? Que signifient les silences du héros ?

ÉCRIRE

Sganarelle ne « saurai[t] disputer si on ne [l']interrompt » (l. 106-107). Pour convaincre son maître de l'existence de Dieu, imaginez qu'il tire un papier de sa poche, où il a mis son argumentation par écrit, et qu'il le lise à Dom Juan. Modifiez la scène de la ligne 95 à la fin.

LE PAUVRE. Si vous vouliez, Monsieur, me secourir de quelque aumône ?

10 **DOM JUAN.** Ah ! ah ! ton avis est intéressé, à ce que je vois.

LE PAUVRE. Je suis un pauvre homme, Monsieur, retiré tout seul dans ce bois depuis dix ans, et je ne manquerai pas de prier le Ciel qu'il vous donne toute sorte de biens.

DOM JUAN. Eh ! prie-le qu'il te donne un habit, sans te
15 mettre en peine des affaires des autres.

SGANARELLE. Vous ne connaissez pas Monsieur, bon homme : il ne croit qu'en deux et deux sont quatre et en quatre et quatre sont huit.

DOM JUAN. Quelle est ton occupation parmi ces arbres ?

20 **LE PAUVRE.** De prier le Ciel tout le jour pour la prospérité des gens de bien qui me donnent quelque chose.

DOM JUAN. Il ne se peut donc pas que tu ne sois bien à ton aise ?

LE PAUVRE. Hélas ! Monsieur, je suis dans la plus grande
25 nécessité[1] du monde.

DOM JUAN. Tu te moques : un homme qui prie le Ciel tout le jour ne peut pas manquer d'être bien dans ses affaires.

LE PAUVRE. Je vous assure, Monsieur, que le plus souvent je n'ai pas un morceau de pain à mettre sous les dents.

30 **DOM JUAN.**[2] [Voilà qui est étrange, et tu es bien mal reconnu[3] de tes soins. Ah ! ah ! je m'en vais te donner un louis d'or tout à l'heure, pourvu que tu veuilles jurer[4].

LE PAUVRE. Ah ! Monsieur, voudriez-vous que je commisse un tel péché ?

---

1. **Nécessité :** dénuement.
2. Le passage entre crochets vient de l'édition hollandaise non censurée de 1683. Il est remplacé dans l'édition de 1682 par : « Je te veux donner un louis d'or, et… ».
3. **Reconnu :** récompensé.
4. **Jurer :** blasphémer. (Voir p. 161.)

35 **DOM JUAN.** Tu n'as qu'à voir si tu veux gagner un louis d'or ou non. En voici un que je te donne, si tu jures ; tiens, il faut jurer.

LE PAUVRE. Monsieur !

DOM JUAN. À moins de cela, tu ne l'auras pas.

40 **SGANARELLE.** Va, va, jure un peu, il n'y a pas de mal.

DOM JUAN. Prends, le voilà ; prends, te dis-je, mais jure donc.

LE PAUVRE. Non, Monsieur, j'aime mieux mourir de faim.

DOM JUAN. Va, va,] je te le donne pour l'amour de l'huma-
45 nité. Mais que vois-je là ? Un homme attaqué par trois autres ? La partie est trop inégale, et je ne dois pas souffrir cette lâcheté.

Il court au lieu du combat.

SCÈNE 3. DOM JUAN, DOM CARLOS, SGANARELLE.

SGANARELLE. Mon maître est un vrai enragé d'aller se présenter à un péril qui ne le cherche pas ; mais, ma foi ! le secours a servi, et les deux ont fait fuir les trois.

DOM CARLOS, *l'épée à la main.* On voit, par la fuite de ces
5 voleurs, de quel secours est votre bras. Souffrez, Monsieur, que je vous rende grâce d'une action si généreuse, et que…

DOM JUAN, *revenant l'épée à la main.* Je n'ai rien fait, Monsieur, que vous n'eussiez fait en ma place. Notre propre honneur[1] est intéressé[2] dans de pareilles aventures, et l'action
10 de ces coquins était si lâche que c'eût été y prendre part que de ne s'y pas opposer. Mais par quelle rencontre[3] vous êtes-vous trouvé entre leurs mains ?

---

1. Voir p. 164-165.
2. **Intéressé** : mis en cause.
3. **Rencontre** : hasard.

▰ SITUER

Tout en devisant, Dom Juan et Sganarelle s'égarent et aperçoivent un pauvre.

▰ RÉFLÉCHIR

PERSONNAGES : un affrontement manichéen

1. Montrez que le Pauvre ne mendie peut-être pas par nécessité, mais à la suite d'un choix délibéré. En quoi son nom, *Francisque,* indiqué dans la liste des personnages, est-il évocateur ?

2. Comme toujours, Dom Juan s'amuse de la situation ; en quoi son attitude est-elle précisément satanique ? Que cherche-t-il à démontrer avant de faire jurer le Pauvre ? Comment interprétez-vous sa formule : « pour l'amour de l'humanité » ?

3. La pression de plus en plus forte que Dom Juan exerce sur le Pauvre se traduit stylistiquement : étudiez dans ce sens le passage qui va de : « Voilà qui est étrange [...] » à « [...] mais jure donc. » (l. 30 à 42)

4. Quel est, selon vous, le vainqueur de cet affrontement ?

SOCIÉTÉ : l'enjeu idéologique

5. Au XVIIe siècle, la pauvreté revêt une signification spirituelle (« Les derniers seront les premiers » dit la Bible) ; faire l'aumône est l'un des devoirs du chrétien, et prier pour d'autres une activité utile, selon le principe de la réversibilité des mérites, d'après lequel les souffrances et les mérites de l'innocent profitent au coupable. Pourquoi le Pauvre est-il scandalisé à l'idée de blasphémer ? Quel symbole le louis d'or représente-t-il ?

6. Que révèle l'intervention de Sganarelle sur la nature de sa religion ?

7. En quoi la censure pratiquée dans les éditions de 1682 affecte-t-elle la portée de la pièce ? Nuit-elle également à la cohérence de l'action ? (Voir p. 28-29 et 162-163.)

Dom Carlos. Je m'étais par hasard égaré[1] d'un frère et de tous ceux de notre suite ; et comme je cherchais à les rejoin-
15 dre, j'ai fait rencontre de ces voleurs, qui d'abord ont tué mon cheval, et qui, sans votre valeur, en auraient fait autant de moi.

Dom Juan. Votre dessein est-il d'aller du côté de la ville ?

Dom Carlos. Oui, mais sans y vouloir entrer ; et nous
20 nous voyons obligés, mon frère et moi, à tenir la campagne[2] pour une de ces fâcheuses affaires qui réduisent les gentilshommes à se sacrifier, eux et leur famille, à la sévérité de leur honneur, puisque enfin le plus doux succès en est toujours funeste, et que, si l'on ne quitte pas la vie, on est
25 contraint de quitter le royaume[3] ; et c'est en quoi je trouve la condition d'un gentilhomme malheureuse, de ne pouvoir point s'assurer sur[4] toute la prudence et toute l'honnêteté de sa conduite, d'être asservi par les lois de l'honneur au dérè-glement de la conduite d'autrui, et de voir sa vie, son repos
30 et ses biens dépendre de la fantaisie du premier téméraire qui s'avisera de lui faire une de ces injures pour qui[5] un honnête homme doit périr.

Dom Juan. On a cet avantage, qu'on fait courir le même risque et passer aussi mal le temps à ceux qui prennent
35 fantaisie de nous venir faire une offense de gaieté de cœur. Mais ne serait-ce point une indiscrétion que de vous deman-der quelle peut être votre affaire ?

Dom Carlos. La chose en est aux termes[6] de n'en plus faire de secret, et lorsque l'injure a une fois éclaté, notre
40 honneur ne va point à vouloir cacher notre honte, mais à faire éclater notre vengeance, et à publier même le dessein que nous en avons. Ainsi, Monsieur, je ne feindrai point de

---

1. **Égaré :** écarté.
2. **Tenir la campagne :** équivaut à l'expression militaire *être en campagne*.
3. Des lois punissaient ceux qui se battaient en duel.
4. **S'assurer sur :** se reposer sur.
5. **Injures pour qui :** outrages pour lesquels.
6. **Aux termes :** au point.

vous dire[1] que l'offense que nous cherchons à venger est une sœur séduite et enlevée d'un convent, et que l'auteur de cette offense est un Dom Juan Tenorio, fils de Dom Louis Tenorio. Nous le cherchons depuis quelques jours, et nous l'avons suivi ce matin sur le rapport d'un valet qui nous a dit qu'il sortait à cheval, accompagné de quatre ou cinq, et qu'il avait pris le long de cette côte ; mais tous nos soins ont été inutiles, et nous n'avons pu découvrir ce qu'il est devenu.

DOM JUAN. Le connaissez-vous, Monsieur, ce Dom Juan dont vous parlez ?

DOM CARLOS. Non, quant à moi. Je ne l'ai jamais vu, et je l'ai seulement ouï dépeindre à mon frère ; mais la renommée n'en dit pas force bien, et c'est un homme dont la vie…

DOM JUAN. Arrêtez, Monsieur, s'il vous plaît. Il est un peu de mes amis, et ce serait à moi une espèce de lâcheté que d'en ouïr dire du mal.

DOM CARLOS. Pour l'amour de vous, Monsieur, je n'en dirai rien du tout, et c'est bien la moindre chose que je vous doive, après m'avoir sauvé la vie, que de me taire devant vous d'une personne que vous connaissez, lorsque je ne puis en parler sans en dire du mal ; mais, quelque ami que vous lui soyez, j'ose espérer que vous n'approuverez pas son action, et ne trouverez pas étrange que nous cherchions d'en prendre la vengeance.

DOM JUAN. Au contraire, je vous y veux servir, et vous épargner des soins inutiles. Je suis ami de Dom Juan, je ne puis pas m'en empêcher ; mais il n'est pas raisonnable qu'il offense impunément des gentilshommes, et je m'engage à vous faire faire raison par lui[2].

DOM CARLOS. Et quelle raison peut-on faire à ces sortes d'injures ?

---

1. Je n'hésiterai point à vous dire.
2. **À vous faire faire raison par lui :** à ce qu'il vous rende justice.

75 **DOM JUAN.** Toute celle que votre honneur peut souhaiter ; et, sans vous donner la peine de chercher Dom Juan davantage, je m'oblige à le faire trouver[1] au lieu que vous voudrez, et quand il vous plaira.

DOM CARLOS. Cet espoir est bien doux, Monsieur, à des
80 cœurs offensés ; mais, après ce que je vous dois, ce me serait une trop sensible douleur que vous fussiez de la partie[2].

DOM JUAN. Je suis si attaché à Dom Juan qu'il ne saurait se battre que je ne me batte aussi ; mais enfin j'en réponds comme de moi-même, et vous n'avez qu'à dire quand vous
85 voulez qu'il paraisse et vous donne satisfaction.

DOM CARLOS. Que ma destinée est cruelle ! Faut-il que je vous doive la vie, et que Dom Juan soit de vos amis ?

SCÈNE 4. DOM ALONSE, *et trois Suivants*, DOM CARLOS, DOM JUAN, SGANARELLE.

DOM ALONSE.[3] Faites boire là mes chevaux, et qu'on les amène après[4] nous ; je veux un peu marcher à pied. Ô Ciel ! que vois-je ici ! Quoi ? mon frère, vous voilà avec notre ennemi mortel ?

5 **DOM CARLOS.** Notre ennemi mortel ?

DOM JUAN, *se reculant de trois pas et mettant fièrement la main sur la garde de son épée.* Oui, je suis Dom Juan moi-même, et l'avantage du nombre ne m'obligera pas à vouloir déguiser mon nom.

10 **DOM ALONSE.** Ah ! traître, il faut que tu périsses, et...

---

1. **Trouver :** se trouver.
2. **Que vous fussiez de la partie :** que vous fussiez au combat, en tant que second de votre ami.
3. Il s'adresse à sa suite, sans voir Dom Carlos ni Dom Juan.
4. **Après :** derrière.

DOM CARLOS. Ah ! mon frère, arrêtez. Je lui suis redevable de la vie ; et sans le secours de son bras, j'aurais été tué par des voleurs que j'ai trouvés.

DOM ALONSE. Et voulez-vous que cette considération empêche notre vengeance ? Tous les services que nous rend une main ennemie ne sont d'aucun mérite pour engager notre âme ; et s'il faut mesurer l'obligation à l'injure, votre reconnaissance, mon frère, est ici ridicule ; et comme l'honneur est infiniment plus précieux que la vie, c'est ne devoir rien proprement que d'être redevable de la vie à qui nous a ôté l'honneur.

DOM CARLOS. Je sais la différence, mon frère, qu'un gentilhomme doit toujours mettre entre l'un et l'autre, et la reconnaissance de l'obligation[1] n'efface point en moi le ressentiment de l'injure ; mais souffrez que je lui rende ici ce qu'il m'a prêté, que je m'acquitte sur-le-champ de la vie que je lui dois, par un délai de notre vengeance, et lui laisse la liberté de jouir, durant quelques jours, du fruit de son bienfait.

DOM ALONSE. Non, non, c'est hasarder notre vengeance que de la reculer et l'occasion de la prendre peut ne plus revenir. Le Ciel nous l'offre ici, c'est à nous d'en profiter. Lorsque l'honneur est blessé mortellement, on ne doit point songer à garder aucunes mesures ; et si vous répugnez à prêter votre bras à cette action, vous n'avez qu'à vous retirer et laisser à ma main la gloire d'un tel sacrifice.

DOM CARLOS. De grâce, mon frère…

DOM ALONSE. Tous ces discours sont superflus : il faut qu'il meure.

DOM CARLOS. Arrêtez-vous, dis-je, mon frère. Je ne souffrirai point du tout qu'on attaque ses jours, et je jure le Ciel que je le défendrai ici contre qui que ce soit, et je saurai lui faire un rempart de cette même vie qu'il a sauvée ; et pour adresser vos coups, il faudra que vous me perciez.

---

1. **La reconnaissance de l'obligation** : le fait que j'aie une dette morale envers lui.

DOM ALONSE. Quoi ? vous prenez le parti de notre ennemi contre moi ; et loin d'être saisi à son aspect des
45 mêmes transports que je sens, vous faites voir pour lui des sentiments pleins de douceur ?

DOM CARLOS. Mon frère, montrons de la modération dans une action légitime, et ne vengeons point notre honneur avec cet emportement que vous témoignez. Ayons
50 du cœur[1] dont nous soyons les maîtres, une valeur qui n'ait rien de farouche, et qui se porte aux choses par une pure délibération de notre raison, et non point par le mouvement d'une aveugle colère. Je ne veux point, mon frère, demeurer redevable à mon ennemi, et je lui ai une obligation dont il
55 faut que je m'acquitte avant toute chose. Notre vengeance, pour être différée, n'en sera pas moins éclatante : au contraire, elle en tirera de l'avantage ; et cette occasion de l'avoir pu prendre la fera paraître plus juste aux yeux de tout le monde.

60 **DOM ALONSE.** Ô l'étrange faiblesse, et l'aveuglement effroyable d'hasarder ainsi les intérêts de son honneur pour la ridicule pensée d'une obligation chimérique !

DOM CARLOS. Non, mon frère, ne vous mettez pas en peine. Si je fais une faute, je saurai bien la réparer, et je me
65 charge de tout le soin de notre honneur ; je sais à quoi il nous oblige, et cette suspension d'un jour, que ma reconnaissance lui demande, ne fera qu'augmenter l'ardeur que j'ai de le satisfaire. Dom Juan, vous voyez que j'ai soin de vous rendre le bien que j'ai reçu de vous, et vous devez par là juger du
70 reste, croire que je m'acquitte avec même chaleur de ce que je dois, et que je ne serai pas moins exact à vous payer l'injure que le bienfait. Je ne veux point vous obliger ici à expliquer vos sentiments, et je vous donne la liberté de penser à loisir aux résolutions que vous avez à prendre. Vous connaissez
75 assez la grandeur de l'offense que vous nous avez faite, et je vous fais juge vous-même des réparations qu'elle demande.

---

1. **Cœur** : courage.

Il est des moyens doux pour nous satisfaire ; il en est de violents et de sanglants ; mais enfin, quelque choix que vous fassiez, vous m'avez donné parole de me faire faire raison par
80 Dom Juan : songez à me la faire[1], je vous prie, et vous ressouvenez que, hors d'ici, je ne dois plus qu'à mon honneur.

DOM JUAN. Je n'ai rien exigé de vous, et vous tiendrai ce que j'ai promis.

DOM CARLOS. Allons, mon frère : un moment de douceur
85 ne fait aucune injure à la sévérité de notre devoir.

SCÈNE 5. DOM JUAN, SGANARELLE.

DOM JUAN. Holà, hé, Sganarelle !

SGANARELLE. Plaît-il ?

DOM JUAN. Comment ? coquin, tu fuis quand on m'attaque ?

SGANARELLE. Pardonnez-moi, Monsieur ; je viens seule-
5 ment d'ici près. Je crois que cet habit est purgatif, et que c'est prendre médecine[2] que de le porter.

DOM JUAN. Peste soit l'insolent ! Couvre au moins ta poltronnerie d'un voile plus honnête. Sais-tu bien qui est celui à qui j'ai sauvé la vie ?

10 **SGANARELLE.** Moi ? Non.

DOM JUAN. C'est un frère d'Elvire.

SGANARELLE. Un...

DOM JUAN. Il est assez honnête homme[3], il en a bien usé[4], et j'ai regret d'avoir démêlé avec lui.

15 **SGANARELLE.** Il vous serait aisé de pacifier toutes choses.

---

1. **Songez à me la faire :** songez à me faire raison, à me donner satisfaction.
2. **Médecine :** ici, médicament.
3. **Il est assez honnête homme :** c'est un homme d'honneur.
4. **Il en a bien usé :** il s'est bien conduit.

SITUER

Le hasard préside encore aux rencontres ; les surprises qui en résultent confèrent un certain romanesque à l'action. Après l'affrontement avec le Pauvre, qui montrait un héros satanique, Molière surprend le spectateur en mettant le héros dans une situation favorable à son image.

RÉFLÉCHIR

SOCIÉTÉ : qu'est-ce qu'un gentilhomme ?
1. Pourquoi Dom Juan ne dit-il pas tout de suite à Dom Carlos qui il est ? Est-ce par crainte, par jeu, ou par délicatesse, afin de lui éviter un douloureux débat de conscience ?
2. Quels sont les sentiments que peut éprouver Dom Carlos quand il apprend qu'il a été sauvé par son ennemi ? Que pensez-vous de son comportement ? Partagez-vous l'opinion de Dom Juan : « Il est assez honnête homme, il en a bien usé [...] » (acte III, sc. 5) ?
3. Dans le débat oratoire qui oppose les deux frères de Done Elvire sur la conduite à tenir, relevez leurs arguments respectifs. Quels sont, selon vous, les plus convaincants ?

REGISTRES ET TONALITÉS : les limites de la comédie
4. Le ton du passage est relativement relevé et s'apparente à celui de la tragi-comédie, voire à celui de la tragédie. Étudiez les procédés et les champs lexicaux qui concourent à cet effet.

ÉCRIRE

La question du point d'honneur préoccupe beaucoup les autorités : depuis Louis XIII et Richelieu, le duel est une pratique condamnée et ceux qui s'en rendent coupables sont punis d'exil, voire de mort (voir p. 164-165). À travers les frères d'Elvire, Molière propose, selon Jacques Morel, une image de la noblesse, dont la conception de l'honneur est douteuse : « L'un paraît confondre le devoir de réparation avec la passion de la vengeance ; l'autre n'accepte qu'avec regret la règle qui contraint ceux de son rang à se "sacrifier" à la "sévérité de leur honneur" ». Rédigez une page illustrant ou contestant cette interprétation.

DOM JUAN. Oui ; mais ma passion est usée pour Done Elvire, et l'engagement ne compatit point avec mon humeur. J'aime la liberté en amour, tu le sais, et je ne saurais me résoudre à renfermer mon cœur entre quatre murailles. Je te
20 l'ai dit vingt fois, j'ai une pente naturelle à me laisser aller à tout ce qui m'attire. Mon cœur est à toutes les belles, et c'est à elles à le prendre tour à tour et à le garder tant qu'elles le pourront. Mais quel est le superbe édifice que je vois entre ces arbres ?

25 **SGANARELLE.** Vous ne le savez pas ?

DOM JUAN. Non, vraiment.

SGANARELLE. Bon ! c'est le tombeau que le Commandeur faisait faire lorsque vous le tuâtes.

DOM JUAN. Ah ! tu as raison. Je ne savais pas que c'était de
30 ce côté-ci qu'il était. Tout le monde m'a dit des merveilles de cet ouvrage, aussi bien que de la statue du Commandeur, et j'ai envie de l'aller voir.

SGANARELLE. Monsieur, n'allez point là.

DOM JUAN. Pourquoi ?

35 **SGANARELLE.** Cela n'est pas civil[1], d'aller voir un homme que vous avez tué.

DOM JUAN. Au contraire, c'est une visite dont je lui veux faire civilité, et qu'il doit recevoir de bonne grâce, s'il est galant homme[2]. Allons, entrons dedans.

40 *Le tombeau s'ouvre, où l'on voit un superbe mausolée et la statue du Commandeur.*

SGANARELLE. Ah ! que cela est beau ! Les belles statues ! le beau marbre ! les beaux piliers ! Ah ! que cela est beau ! Qu'en dites-vous, Monsieur ?

45 **DOM JUAN.** Qu'on ne peut voir aller plus loin l'ambition d'un homme mort ; et ce que je trouve admirable, c'est

---

1. **Civil :** courtois.
2. **Galant homme :** homme de bonne éducation.

qu'un homme qui s'est passé[1], durant sa vie, d'une assez simple demeure, en veuille avoir une si magnifique pour quand il n'en a plus que faire.

50 **SGANARELLE.** Voici la statue du Commandeur.

DOM JUAN. Parbleu ! le voilà bon[2], avec son habit d'empereur romain !

SGANARELLE. Ma foi, Monsieur, voilà qui est bien fait. Il semble qu'il est en vie, et qu'il s'en va parler. Il jette des 55 regards sur nous qui me feraient peur, si j'étais tout seul, et je pense qu'il ne prend pas plaisir de nous voir.

DOM JUAN. Il aurait tort, et ce serait mal recevoir l'honneur que je lui fais. Demande-lui s'il veut venir souper[3] avec moi.

60 **SGANARELLE.** C'est une chose dont il n'a pas besoin, je crois.

DOM JUAN. Demande-lui, te dis-je.

SGANARELLE. Vous moquez-vous ? Ce serait être fou que d'aller parler à une statue.

65 **DOM JUAN.** Fais ce que je te dis.

SGANARELLE. Quelle bizarrerie ! Seigneur Commandeur… Je ris de ma sottise, mais c'est mon maître qui me la fait faire. Seigneur Commandeur, mon maître Dom Juan vous demande si vous voulez lui faire l'honneur de venir 70 souper avec lui. *(La Statue baisse la tête.)* Ha !

DOM JUAN. Qu'est-ce ? Qu'as-tu ? Dis donc, veux-tu parler ?

SGANARELLE *fait le même signe que lui a fait la Statue et baisse la tête.* La Statue…

75 **DOM JUAN.** Eh bien ! que veux-tu dire, traître ?

---

1. **Qui s'est passé :** qui s'est contenté.
2. **Bon :** beau.
3. **Souper :** dîner.

SGANARELLE. Je vous dis que la Statue...

DOM JUAN. Eh bien ! la Statue ? Je t'assomme, si tu ne parles.

SGANARELLE. La Statue m'a fait signe.

80 **DOM JUAN.** La peste le coquin !

SGANARELLE. Elle m'a fait signe, vous dis-je : il n'est rien de plus vrai. Allez-vous-en lui parler vous-même pour voir. Peut-être...

DOM JUAN. Viens, maraud, viens, je te veux bien faire 85 toucher au doigt ta poltronnerie. Prends garde. Le Seigneur Commandeur voudrait-il venir souper avec moi ?

La Statue baisse encore la tête.

SGANARELLE. Je ne voudrais pas en tenir dix pistoles[1]. Eh bien ! Monsieur ?

90 **DOM JUAN.** Allons, sortons d'ici.

SGANARELLE. Voilà de mes esprits forts[2], qui ne veulent rien croire.

---

1. Expression de satisfaction : Sganarelle a eu effectivement raison, et son maître a eu tort ; l'expression complète serait : « Je ne voudrais pas pour dix pistoles qu'il en fût autrement. »
2. **Esprits forts :** libertins (voir p. 166-167), libres penseurs.

SITUER

En devisant, les héros aperçoivent le mausolée du Commandeur.

RÉFLÉCHIR

PERSONNAGES : l'insolent courageux

1. Dans les pièces dont Molière a pu s'inspirer (voir p. 26-27), Dom Juan insulte la statue. Pourquoi Molière renonce-t-il à cet effet ? Comment se manifeste l'insolence, puis le courage du héros ?

2. Dom Juan attend d'être convaincu ; montrez qu'il ne nie pas le surnaturel. Qu'est-ce qui le pousse à inviter la statue ?

3. Pourquoi passe-t-il par son valet pour adresser une invitation au Commandeur ?

DRAMATURGIE : l'efficacité scénique

4. Alors que les prédécesseurs de Molière concevaient une statue bavarde, Molière procède autrement : quel est le poids des silences dans la scène ? Comment Molière exploite-t-il le geste, sur le plan dramatique ?

5. Le geste est ici générateur de dialogue, puisqu'il suscite plusieurs répliques : quel est, selon vous, l'intérêt dramatique de ce procédé ?

ÉCRIRE

Réécrivez la fin de la scène en imaginant que Sganarelle s'enfuit terrorisé, et que Dom Juan reste seul face à la statue. Respectez le choix de Molière quant au silence de la statue (voir questions 4 et 5).

STRUCTURE : la montée des périls

Le défi de Dom Juan a trait maintenant à des forces surnaturelles, et le conflit qui s'engage est autrement plus profond que celui des actes I et II.

1. Quel est l'intérêt de clore l'acte sur une manifestation du surnaturel ?

2. Dom Juan doit maintenant faire face à deux menaces de nature différente : quelles sont-elles ? Où ont-elles été évoquées à l'acte I ?

DRAMATURGIE : une certaine désinvolture ?

L'acte se compose d'une succession de rencontres fortuites, procédé caractéristique de la tragi-comédie (voir p. 136). En outre, Molière néglige non seulement la règle de l'unité de lieu, mais aussi les transitions. Enfin, jamais le dramaturge n'a été aussi audacieux dans le mélange des tons.

3. Quel rapport verriez-vous entre la forme de cet acte et le caractère du héros ?

4. Bien que la rencontre avec le Pauvre soit purement accidentelle, mettez sa place en relation avec le contenu de la discussion qui la précède et avec la logique du caractère de Dom Juan.

5. Quel moment vous semble le plus pathétique ? Comment le dramaturge évite-t-il que la pièce ne baigne dans une atmosphère trop sombre ?

PERSONNAGES : un héros surprenant

Le personnage de Dom Juan s'enrichit ; son incrédulité pour la médecine s'étend aux choses de la religion. Il méprise en outre des valeurs comme l'honneur et le respect, sur lesquelles se fonde la société. Pourtant, contrairement à l'image qu'il donnait à l'acte II, le héros, qui ne manque pas de courage, domine toutes les situations dans lesquelles il se trouve.

6. Pourquoi Molière n'écarte-t-il pas ces côtés positifs ?

7. L'image de Sganarelle a-t-elle évolué ? Définissez son attitude à l'égard de la religion et de son maître.

ACTE IV[1]

SCÈNE PREMIÈRE. DOM JUAN, SGANARELLE.

DOM JUAN. Quoi qu'il en soit, laissons cela : c'est une bagatelle, et nous pouvons avoir été trompés par un faux jour, ou surpris de quelque vapeur[2] qui nous ait troublé la vue.

SGANARELLE. Eh ! Monsieur, ne cherchez point à démentir ce que nous avons vu des yeux que voilà. Il n'est rien de plus véritable que ce signe de tête ; et je ne doute point que le Ciel, scandalisé de votre vie, n'ait produit ce miracle pour vous convaincre, et pour vous retirer de…

DOM JUAN. Écoute. Si tu m'importunes davantage de tes sottes moralités, si tu me dis encore le moindre mot là-dessus, je vais appeler quelqu'un, demander un nerf de bœuf, te faire tenir par trois ou quatre, et te rouer de mille coups. M'entends-tu bien ?

SGANARELLE. Fort bien, Monsieur, le mieux du monde. Vous vous expliquez clairement ; c'est ce qu'il y a de bon en vous, que vous n'allez point chercher de détours : vous dites les choses avec une netteté admirable.

DOM JUAN. Allons, qu'on me fasse souper le plus tôt que l'on pourra. Une chaise, petit garçon[3].

SCÈNE 2. DOM JUAN, LA VIOLETTE, SGANARELLE.

LA VIOLETTE. Monsieur, voilà votre marchand, M. Dimanche, qui demande à vous parler.

SGANARELLE. Bon, voilà ce qu'il nous faut, qu'un compliment de créancier ! De quoi s'avise-t-il de nous venir deman-

---

1. D'après le marché du 3 décembre 1664, le décor du IVᵉ acte est la chambre de Dom Juan.
2. **Surpris de quelque vapeur :** victimes d'une hallucination.
3. **Petit garçon :** jeune domestique.

5 der de l'argent, et que ne lui disais-tu que Monsieur n'y est pas ?

LA VIOLETTE. Il y a trois quarts d'heure que je lui dis ; mais il ne veut pas le croire, et s'est assis là-dedans pour attendre.

10 **SGANARELLE.** Qu'il attende, tant qu'il voudra.

DOM JUAN. Non, au contraire, faites-le entrer. C'est une fort mauvaise politique que de se faire celer[1] aux créanciers. Il est bon de les payer de quelque chose, et j'ai le secret de les renvoyer satisfaits sans leur donner un double[2].

SCÈNE 3. DOM JUAN, M. DIMANCHE, SGANARELLE, *Suite*.

DOM JUAN, *faisant de grandes civilités.* Ah ! Monsieur Dimanche, approchez. Que je suis ravi de vous voir, et que je veux de mal à mes gens de ne vous pas faire entrer d'abord[3] ! J'avais donné ordre qu'on ne me fît parler 5 personne[4] ; mais cet ordre n'est pas pour vous, et vous êtes en droit de ne trouver jamais de porte fermée chez moi.

M. DIMANCHE. Monsieur, je vous suis fort obligé.

DOM JUAN, *parlant à ses laquais.* Parbleu ! coquins, je vous apprendrai à laisser Monsieur Dimanche dans une antichamb-
10 bre, et je vous ferai connaître les gens.

M. DIMANCHE. Monsieur, cela n'est rien.

DOM JUAN. Comment ? vous dire que je n'y suis pas, à Monsieur Dimanche, au meilleur de mes amis ?

M. DIMANCHE. Monsieur, je suis votre serviteur. J'étais 15 venu...

---

1. **Se faire celer :** faire dire qu'on est absent.
2. Le double valait deux deniers, soit 1/6 de sol ; c'est-à-dire qu'il s'agit d'une petite pièce.
3. **D'abord :** aussitôt, sur-le-champ.
4. Qu'on ne me laissât personne me parler.

DOM JUAN. Allons vite, un siège pour Monsieur Dimanche.

M. DIMANCHE. Monsieur, je suis bien comme cela.

DOM JUAN. Point, point, je veux que vous soyez assis contre moi[1].

20 **M. DIMANCHE.** Cela n'est point nécessaire.

DOM JUAN. Ôtez ce pliant, et apportez un fauteuil.

M. DIMANCHE. Monsieur, vous vous moquez, et…

DOM JUAN. Non, non, je sais ce que je vous dois, et je ne veux point qu'on mette de différence entre nous deux.

25 **M. DIMANCHE.** Monsieur…

DOM JUAN. Allons, asseyez-vous.

M. DIMANCHE. Il n'est pas besoin, Monsieur, et je n'ai qu'un mot à vous dire. J'étais…

DOM JUAN. Mettez-vous là, vous dis-je.

30 **M. DIMANCHE.** Non, Monsieur, je suis bien. Je viens pour…

DOM JUAN. Non, je ne vous écoute point si vous n'êtes assis.

M. DIMANCHE. Monsieur, je fais ce que vous voulez. Je…

35 **DOM JUAN.** Parbleu ! Monsieur Dimanche, vous vous portez bien.

M. DIMANCHE. Oui, Monsieur, pour vous rendre service. Je suis venu…

DOM JUAN. Vous avez un fonds de santé admirable, des 40 lèvres fraîches, un teint vermeil, et des yeux vifs.

M. DIMANCHE. Je voudrais bien…

DOM JUAN. Comment se porte Madame Dimanche, votre épouse ?

M. DIMANCHE. Fort bien, Monsieur, Dieu merci.

---

1. **Contre moi :** tout près de moi.

45 **DOM JUAN.** C'est une brave femme.

M. DIMANCHE. Elle est votre servante, Monsieur. Je venais…

DOM JUAN. Et votre petite fille Claudine, comment se porte-t-elle ?

50 **M. DIMANCHE.** Le mieux du monde.

DOM JUAN. La jolie petite fille que c'est ! Je l'aime de tout mon cœur.

M. DIMANCHE. C'est trop d'honneur que vous lui faites, Monsieur. Je vous…

55 **DOM JUAN.** Et le petit Colin, fait-il toujours bien du bruit avec son tambour ?

M. DIMANCHE. Toujours de même, Monsieur. Je…

DOM JUAN. Et votre petit chien Brusquet ? gronde-t-il toujours aussi fort, et mord-il toujours bien aux jambes les 60 gens qui vont chez vous ?

M. DIMANCHE. Plus que jamais, Monsieur, et nous ne saurions en chevir[1].

DOM JUAN. Ne vous étonnez pas si je m'informe des nouvelles de toute la famille, car j'y prends beaucoup d'intérêt.

65 **M. DIMANCHE.** Nous vous sommes, Monsieur, infiniment obligés. Je…

DOM JUAN, *lui tendant la main.* Touchez donc là[2], Monsieur Dimanche. Êtes-vous bien de mes amis ?

M. DIMANCHE. Monsieur, je suis votre serviteur.

70 **DOM JUAN.** Parbleu ! je suis à vous de tout mon cœur.

M. DIMANCHE. Vous m'honorez trop. Je…

DOM JUAN. Il n'y a rien que je ne fisse pour vous.

---

1. **En chevir :** en venir à bout, le mettre à la raison (mot vieilli et populaire).
2. Tendre la main à quelqu'un, au XVIIᵉ siècle, n'est pas une manifestation banale de politesse, mais un geste qui scelle une alliance : réconciliation, amitié, accord, fiançailles, etc.

M. DIMANCHE. Monsieur, vous avez trop de bonté pour moi.

DOM JUAN. Et cela sans intérêt, je vous prie de le croire.

75 **M. DIMANCHE.** Je n'ai point mérité cette grâce assurément. Mais, Monsieur…

DOM JUAN. Oh çà, Monsieur Dimanche, sans façon, voulez-vous souper avec moi ?

M. DIMANCHE. Non, Monsieur, il faut que je m'en 80 retourne tout à l'heure. Je…

DOM JUAN, *se levant.* Allons, vite un flambeau pour conduire Monsieur Dimanche, et que quatre ou cinq de mes gens prennent des mousquetons pour l'escorter.

M. DIMANCHE, *se levant de même.* Monsieur, il n'est pas 85 nécessaire, et je m'en irai bien tout seul. Mais…

Sganarelle ôte les sièges promptement.

DOM JUAN. Comment ? Je veux qu'on vous escorte, et je m'intéresse trop à votre personne. Je suis votre serviteur, et de plus votre débiteur.

90 **M. DIMANCHE.** Ah ! Monsieur…

DOM JUAN. C'est une chose que je ne cache pas, et je le dis à tout le monde.

M. DIMANCHE. Si…

DOM JUAN. Voulez-vous que je vous reconduise ?

95 **M. DIMANCHE.** Ah ! Monsieur, vous vous moquez, Monsieur…

DOM JUAN. Embrassez-moi[1] donc, s'il vous plaît. Je vous prie encore une fois d'être persuadé que je suis tout à vous, et qu'il n'y a rien au monde que je ne fisse pour votre service.

100 *Il sort.*

SGANARELLE. Il faut avouer que vous avez en Monsieur un homme qui vous aime bien.

---

1. **Embrasser :** sens étymologique de « donner l'accolade ».

M. Dimanche. Il est vrai ; il me fait tant de civilités et tant de compliments que je ne saurais jamais lui demander de l'argent.

105 **Sganarelle.** Je vous assure que toute sa maison[1] périrait pour vous ; et je voudrais qu'il vous arrivât quelque chose, que quelqu'un s'avisât de vous donner des coups de bâton ; vous verriez de quelle manière…

M. Dimanche. Je le crois ; mais, Sganarelle, je vous prie
110 de lui dire un petit mot de mon argent.

Sganarelle. Oh ! ne vous mettez pas en peine, il vous payera le mieux du monde.

M. Dimanche. Mais vous, Sganarelle, vous me devez quelque chose en votre particulier.

115 **Sganarelle.** Fi ! ne parlez pas de cela.

M. Dimanche. Comment ? Je…

Sganarelle. Ne sais-je pas bien que je vous dois ?

M. Dimanche. Oui, mais…

Sganarelle. Allons, Monsieur Dimanche, je vais vous
120 éclairer.

M. Dimanche. Mais mon argent…

Sganarelle, *prenant M. Dimanche par le bras.* Vous moquez-vous ?

M. Dimanche. Je veux…

125 **Sganarelle,** *le tirant.* Eh !

M. Dimanche. J'entends…

Sganarelle, *le poussant.* Bagatelles.

M. Dimanche. Mais…

Sganarelle, *le poussant.* Fi !

130 **M. Dimanche.** Je…

Sganarelle, *le poussant tout à fait hors du théâtre.* Fi ! vous dis-je.

---

1. **Maison :** famille et domesticité.

■ **SITUER**

Après l'épisode de la statue, Dom Juan, agacé par le commentaire moralisateur de Sganarelle à la scène 1, demande qu'on le fasse souper, quand survient son créancier, M. Dimanche.

■ **RÉFLÉCHIR**

SOCIÉTÉ : un fait de société

1. L'endettement des nobles est une question fréquemment évoquée dans la littérature du temps. En connaissez-vous la cause ? Pouvez-vous citer deux autres comédies de Molière dans lesquelles ce thème est illustré ?

2. M. Dimanche n'est évidemment pas du même monde que Dom Juan ; quelles sont les marques de la différence sociale existant entre eux et que le héros feint de vouloir effacer ?

PERSONNAGES : un jeu cruel

3. Pourquoi Dom Juan, importuné par cette visite, ne refuse-t-il pas purement et simplement de recevoir son créancier ? En quoi son attitude est-elle comparable à celle qu'il adopte avec les femmes ?

4. Quels sont les différents paliers de la scène ? À quel moment précis Dom Juan sent-il qu'il a gagné ? De quels talents fait-il preuve en l'occurrence ?

5. Sganarelle se fait ici le double de son maître ; de quelle manière spectaculaire Molière exploite-t-il cet effet de mimétisme ? Où s'est-il déjà fait le complice de son maître ?

REGISTRES ET TONALITÉS : toujours l'ambiguïté

6. Quels sont les éléments farcesques de la scène ? En quoi le comique de cette scène présente-t-il quelque chose de grinçant ?

MISE EN SCÈNE : le mouvement scénique

7. Si vous deviez envisager la mise en scène de ce passage, choisiriez-vous de mettre en valeur l'éblouissant ballet du héros par des déplacements scéniques, ou opteriez-vous pour un échange plus statique ? Justifiez votre choix en citant les répliques déterminantes à vos yeux.

■ **ÉCRIRE**

M. Dimanche, sentant qu'il est abusé par Dom Juan, se montre plus ferme, refuse de se retirer et demande explicitement le remboursement de ses dettes. Que peut faire le héros : recourir à une autre ruse, ou à la violence ? À vous d'imaginer une chute (à partir de la ligne 95).

Scène 4. Dom Louis, Dom Juan, La Violette, Sganarelle.

La Violette. Monsieur, voilà Monsieur votre père.

Dom Juan. Ah ! me voici bien : il me fallait cette visite pour me faire enrager.

Dom Louis. Je vois bien que je vous embarrasse et que vous
5 vous passeriez fort aisément de ma venue. À dire vrai, nous nous incommodons étrangement[1] l'un et l'autre ; et si vous êtes las de me voir, je suis bien las aussi de vos déportements[2]. Hélas ! que nous savons peu ce que nous faisons quand nous ne laissons pas au Ciel le soin des choses qu'il nous faut,
10 quand nous voulons être plus avisés que lui, et que nous venons à l'importuner par nos souhaits aveugles et nos demandes inconsidérées ! J'ai souhaité un fils avec des ardeurs nonpareilles ; je l'ai demandé sans relâche avec des transports incroyables ; et ce fils, que j'obtiens en fatiguant le Ciel de
15 vœux, est le chagrin et le supplice de cette vie même dont je croyais qu'il devait être la joie et la consolation. De quel œil, à votre avis, pensez-vous que je puisse voir cet amas d'actions indignes, dont on a peine, aux yeux du monde, d'adoucir le mauvais visage[3], cette suite continuelle de méchantes affaires,
20 qui nous réduisent, à toutes heures, à lasser les bontés du Souverain, et qui ont épuisé auprès de lui le mérite de mes services et le crédit de mes amis ? Ah ! quelle bassesse est la vôtre ! Ne rougissez-vous point de mériter si peu votre naissance ? Êtes-vous en droit, dites-moi, d'en tirer quelque
25 vanité ? Et qu'avez-vous fait dans le monde pour être gentilhomme ? Croyez-vous qu'il suffise d'en porter le nom et les armes, et que ce nous soit une gloire d'être sorti d'un sang noble lorsque nous vivons en infâmes ? Non, non, la naissance n'est rien où la vertu n'est pas. Aussi nous n'avons part à la
30 gloire de nos ancêtres qu'autant que nous nous efforçons de

---

1. **Étrangement :** beaucoup.
2. **Déportements :** conduite (en bonne et en mauvaise part).
3. **Le mauvais visage :** le mauvais aspect, la mauvaise apparence.

leur ressembler ; et cet éclat de leurs actions qu'ils répandent sur nous nous impose un engagement de leur faire le même honneur[1], de suivre les pas qu'ils nous tracent, et de ne point dégénérer de leurs vertus, si nous voulons être estimés leurs
35 véritables descendants. Ainsi vous descendez en vain des aïeux dont vous êtes né : ils vous désavouent pour leur sang, et tout ce qu'ils ont fait d'illustre ne vous donne aucun avantage ; au contraire, l'éclat n'en rejaillit sur vous qu'à votre déshonneur, et leur gloire est un flambeau qui éclaire aux yeux d'un
40 chacun la honte de vos actions[2]. Apprenez enfin qu'un gentilhomme qui vit mal est un monstre dans la nature, que la vertu est le premier titre de noblesse[3], que je regarde bien moins au nom qu'on signe qu'aux actions qu'on fait, et que je ferais plus d'état du fils d'un crocheteur[4] qui serait honnête homme
45 que du fils d'un monarque qui vivrait comme vous.

DOM JUAN. Monsieur, si vous étiez assis, vous en seriez mieux pour parler.

DOM LOUIS. Non, insolent, je ne veux point m'asseoir, ni parler davantage, et je vois bien que toutes mes paroles ne
50 font rien sur ton âme. Mais sache, fils indigne, que la tendresse paternelle est poussée à bout par tes actions, que je saurai, plus tôt que tu ne penses, mettre une borne à tes dérèglements, prévenir sur toi le courroux du Ciel[5], et laver par ta punition la honte de t'avoir fait naître. *(Il sort.)*

---

1. Voir p. 164-165.
2. *Cf.* Salluste (*Jugurtha*, LXXXV) : « La gloire des ancêtres est pour leur postérité comme une lumière qui ne permet ni à leurs qualités ni à leurs défauts de rester cachés », et Juvénal (*Satire VIII*, v. 138-139) : « La noblesse de tes pères se dresse souvent devant toi : leur gloire est le flambeau qui illumine toutes tes hontes. »
3. *Cf.* Juvénal (*Satire VIII*, v. 20) : « La vraie, l'unique noblesse, c'est la vertu. »
4. **Crocheteur :** travailleur manuel, qui portait des fardeaux au moyen d'un crochet.
5. Te punir avant que le Ciel ne le fasse.

Scène 5 Dom Juan, Sganarelle.

DOM JUAN. Eh ! mourez le plus tôt que vous pourrez, c'est le mieux que vous puissiez faire. Il faut que chacun ait son tour, et j'enrage de voir des pères qui vivent autant que leurs fils. *(Il se met dans son fauteuil.)*

5 **SGANARELLE.** Ah ! Monsieur, vous avez tort.

DOM JUAN. J'ai tort ?

SGANARELLE. Monsieur…

DOM JUAN *se lève de son siège.* J'ai tort ?

SGANARELLE. Oui, Monsieur, vous avez tort d'avoir 10 souffert ce qu'il vous a dit, et vous le deviez mettre dehors par les épaules. A-t-on jamais rien vu de plus impertinent ? Un père venir faire des remontrances à son fils, et lui dire de corriger ses actions, de se ressouvenir de sa naissance, de mener une vie d'honnête homme, et cent autres sottises de 15 pareille nature ! Cela se peut-il souffrir à un homme comme vous[1], qui savez comme il faut vivre ? J'admire votre patience ; et si j'avais été en votre place, je l'aurais envoyé promener. *(À part.)* Ô complaisance maudite ! à quoi me réduis-tu ?

20 **DOM JUAN.** Me fera-t-on souper bientôt ?

Scène 6. Dom Juan, Done Elvire, Ragotin, Sganarelle.

RAGOTIN. Monsieur, voici une dame voilée qui vient vous parler.

DOM JUAN. Que pourrait-ce être ?

SGANARELLE. Il faut voir.

---

1. Comment un homme comme vous peut-il supporter cela ?

SITUER

Après une scène bouffonne, Molière enchaîne sans transition un affrontement pathétique entre le héros dévoyé et son père.

RÉFLÉCHIR

THÈMES : la noblesse

1. À nouveau un personnage noble évoque un système de valeurs propre à sa condition. Quelles sont ces valeurs ? Quels sont les thèmes qu'il aborde ?

2. Après avoir remarqué que l'attitude des nobles dans la pièce suscite des doutes sur l'idéal de la grandeur généreuse, Jacques Morel se demande si « les vertus des ancêtres, célébrées par Dom Louis, ne se confondent pas avec une douteuse conception de l'honneur ». Qu'en pensez-vous ?

STRATÉGIES : le fils criminel

3. Comme devant Done Elvire (acte I, sc. 3), Dom Juan est d'abord embarrassé, puis il contre-attaque avec insolence et sadisme. À quoi tient ici son insolence ?

4. Que signifie le fait que Sganarelle se lamente et change de camp ?

REGISTRES ET TONALITÉS : style relevé et contraste des tons

5. Retrouvez la structure du propos de Dom Louis. Étudiez-en les effets de rythme, de parallélisme, les champs lexicaux, les sentences* et les vers blancs.

Enchaîner une scène comique à la suite d'un passage pathétique est chose aisée pour le dramaturge. Mais l'inverse relève de la gageure dramatique. Louis Jouvet, dans sa mise en scène, avait choisi au contraire d'accuser l'effet de contraste : à la fin de la scène de M. Dimanche, un groupe de laquais tourbillonnait sur scène avant de s'égayer comme une volée de moineaux, laissant le plateau vide et silencieux ; alors paraissait Dom Louis dans toute sa dignité.

6. Que pensez-vous de cette trouvaille ? Comment imagineriez-vous cet enchaînement ?

5 **DONE ELVIRE.** Ne soyez point surpris, Dom Juan, de me voir à cette heure et dans cet équipage. C'est un motif pressant qui m'oblige à cette visite, et ce que j'ai à vous dire ne veut point du tout de retardement. Je ne viens point ici pleine de ce courroux que j'ai tantôt fait éclater, et vous me voyez bien
10 changée de ce que j'étais ce matin. Ce n'est plus cette Done Elvire qui faisait des vœux contre vous, et dont l'âme irritée ne jetait que menaces et ne respirait que vengeance. Le Ciel a banni de mon âme toutes ces indignes ardeurs que je sentais pour vous, tous ces transports tumultueux d'un attachement
15 criminel, tous ces honteux emportements d'un amour terrestre et grossier ; et il n'a laissé dans mon cœur pour vous qu'une flamme épurée de tout le commerce des sens[1], une tendresse toute sainte, un amour détaché de tout, qui n'agit point pour soi, et ne se met en peine que de votre intérêt.

20 **DOM JUAN,** *à Sganarelle.* Tu pleures, je pense.

SGANARELLE. Pardonnez-moi.

DONE ELVIRE. C'est ce parfait et pur amour qui me conduit ici pour votre bien, pour vous faire part d'un avis du Ciel, et tâcher de vous retirer du précipice où vous courez. Oui, Dom
25 Juan, je sais tous les dérèglements de votre vie, et ce même Ciel qui m'a touché le cœur et fait jeter les yeux sur les égarements de ma conduite, m'a inspiré de vous venir trouver, et de vous dire, de sa part, que vos offenses ont épuisé sa miséricorde, que sa colère redoutable est prête de tomber sur vous, qu'il est en
30 vous[2] de l'éviter par un prompt repentir, et que peut-être vous n'avez pas encore un jour à vous pouvoir soustraire au plus grand de tous les malheurs. Pour moi, je ne tiens plus à vous par aucun attachement du monde ; je suis revenue, grâces au Ciel, de toutes mes folles pensées ; ma retraite est résolue, et je
35 ne demande qu'assez de vie pour pouvoir expier la faute que j'ai faite, et mériter, par une austère pénitence, le pardon de l'aveuglement où m'ont plongée les transports d'une passion condamnable. Mais, dans cette retraite, j'aurais une douleur extrême qu'une personne que j'ai chérie tendrement devînt un

---

1. Flamme [...] sens : amour détaché des plaisirs des sens.
2. Il dépend de vous.

40 exemple funeste de la justice du Ciel ; et ce me sera une joie incroyable si je puis vous porter à détourner de dessus votre tête l'épouvantable coup qui vous menace. De grâce, Dom Juan, accordez-moi, pour dernière faveur, cette douce consolation ; ne me refusez point votre salut, que je vous demande
45 avec larmes ; et si vous n'êtes point touché de votre intérêt, soyez-le au moins de mes prières, et m'épargnez le cruel déplaisir[1] de vous voir condamner à des supplices éternels.

SGANARELLE. Pauvre femme !

DONE ELVIRE. Je vous ai aimé avec une tendresse extrême,
50 rien au monde ne m'a été si cher que vous ; j'ai oublié mon devoir pour vous, j'ai fait toutes choses pour vous ; et toute la récompense que je vous en demande, c'est de corriger votre vie, et de prévenir[2] votre perte. Sauvez-vous, je vous prie, ou pour l'amour de vous, ou pour l'amour de moi.
55 Encore une fois, Dom Juan, je vous le demande avec larmes ; et si ce n'est assez des larmes d'une personne que vous avez aimée, je vous en conjure par tout ce qui est le plus capable de vous toucher.

SGANARELLE. Cœur de tigre !

60 **DONE ELVIRE.** Je m'en vais, après ce discours, et voilà tout ce que j'avais à vous dire.

DOM JUAN. Madame, il est tard, demeurez ici : on vous y logera le mieux qu'on pourra.

DONE ELVIRE. Non, Dom Juan, ne me retenez pas davan-
65 tage.

DOM JUAN. Madame, vous me ferez plaisir de demeurer, je vous assure.

DONE ELVIRE. Non, vous dis-je, ne perdons point de temps en discours superflus. Laissez-moi vite aller, ne faites
70 aucune instance pour me conduire[3], et songez seulement à profiter de mon avis.

---

1. **Déplaisir :** douleur.
2. **Prévenir :** prendre des précautions pour empêcher.
3. **Ne faites… conduire :** n'insistez pas pour me reconduire.

■ SITUER

Done Elvire reparaît, mais elle est devenue une autre femme ; transformée par la charité, elle suit une évolution inverse de celle du héros.

■ RÉFLÉCHIR

STRUCTURE : même jeu

1. Quels points communs cette scène présente-t-elle avec celle de Dom Louis ?

PERSONNAGES : la sainte et l'impie

2. Quelle est la nature du changement survenu en Done Elvire ? Qu'est-ce qui la pousse à intervenir ? Quels sont les sentiments qui l'animent ? Pourquoi peut-on dire que son caractère est l'antithèse exacte de celui de Dom Juan ?

3. Pourquoi Dom Juan n'est-il pas aussi « absent » qu'en face de son père ? Que cherche-t-il à faire (voir le début de la scène 7) ?

4. Quel intérêt présente la réaction de Sganarelle ? Est-elle surprenante ou s'inscrit-elle dans une évolution déjà annoncée ?

STRATÉGIES : un affrontement symbolique

5. Quel est l'enjeu symbolique de ce dialogue ? Le fait que Done Elvire soit voilée a-t-il de l'importance ? Pourquoi et à qui Dom Juan cherche-t-il à la reprendre ? Parvient-il à ses fins ?

REGISTRES ET TONALITÉS : la voix mystique

6. Done Elvire témoigne dans son propos d'une sorte de détachement mystique ; quels en sont les champs lexicaux les plus importants ? Quels effets d'allitération contribuent à l'incantation de son discours ?

7. Comment se traduit stylistiquement la pression qu'elle exerce sur le héros (l. 38 à 58) ?

■ DIRE

Lisez les répliques de Done Elvire (l. 5 à 58) en respirant de manière à valoriser la structure rythmique de ce discours.

SCÈNE 7. DOM JUAN, SGANARELLE, SUITE.

DOM JUAN. Sais-tu bien que j'ai encore senti quelque peu d'émotion pour elle, que j'ai trouvé de l'agrément dans cette nouveauté bizarre, et que son habit négligé, son air languissant et ses larmes ont réveillé en moi quelques petits restes
5 d'un feu éteint ?

SGANARELLE. C'est-à-dire que ses paroles n'ont fait aucun effet sur vous.

DOM JUAN. Vite à souper.

SGANARELLE. Fort bien.

10 **DOM JUAN,** *se mettant à table.* Sganarelle, il faut songer à s'amender[1] pourtant.

SGANARELLE. Oui-da !

DOM JUAN. Oui, ma foi ! il faut s'amender ; encore vingt ou trente ans de cette vie-ci, et puis nous songerons à nous.

15 **SGANARELLE.** Oh !

DOM JUAN. Qu'en dis-tu ?

SGANARELLE. Rien. Voilà le souper.

Il prend un morceau d'un des plats qu'on apporte et le met dans sa bouche.

20 **DOM JUAN.** Il me semble que tu as la joue enflée ; qu'est-ce que c'est ? Parle donc, qu'as-tu là ?

SGANARELLE. Rien.

DOM JUAN. Montre un peu. Parbleu ! c'est une fluxion qui lui est tombée sur la joue. Vite une lancette pour percer cela.
25 Le pauvre garçon n'en peut plus, et cet abcès le pourrait étouffer. Attends : voyez comme il était mûr. Ah ! coquin que vous êtes !

SGANARELLE. Ma foi ! Monsieur, je voulais voir si votre cuisinier n'avait point mis trop de sel ou trop de poivre.

---

1. **S'amender :** se corriger.

30 **DOM JUAN.** Allons, mets-toi là, et mange. J'ai affaire de toi[1] quand j'aurai soupé. Tu as faim, à ce que je vois.

SGANARELLE *se met à table.* Je le crois bien, Monsieur : je n'ai point mangé depuis ce matin. Tâtez de cela, voilà qui est le meilleur du monde. *(Un laquais ôte les assiettes de Sgana-*
35 *relle d'abord qu'il[2] y a dessus à manger.)* Mon assiette, mon assiette ! tout doux, s'il vous plaît. Vertubleu ! petit compère, que vous êtes habile à donner des assiettes nettes[3] ! et vous, petit La Violette, que vous savez présenter à boire à propos !

Pendant qu'un laquais donne à boire à Sganarelle, l'autre
40 *laquais ôte encore son assiette.*

DOM JUAN. Qui peut frapper de cette sorte ?

SGANARELLE. Qui diable nous vient troubler dans notre repas ?

DOM JUAN. Je veux souper en repos au moins, et qu'on ne
45 laisse entrer personne.

SGANARELLE. Laissez-moi faire, je m'y en vais moi-même.

DOM JUAN. Qu'est-ce donc ? Qu'y a-t-il ?

SGANARELLE, *baissant la tête comme a fait la Statue.* Le... qui est là !

50 **DOM JUAN.** Allons voir, et montrons que rien ne me saurait ébranler.

SGANARELLE. Ah ! pauvre Sganarelle, où te cacheras-tu ?

SCÈNE 8. DOM JUAN, LA STATUE DU COMMANDEUR, *qui vient se mettre à table,* SGANARELLE, *Suite.*

DOM JUAN. Une chaise et un couvert, vite donc *(À Sgana-relle.)* Allons, mets-toi à table.

---

1. J'ai besoin de toi.
2. **D'abord que :** dès que.
3. **Nettes :** vides.

SGANARELLE. Monsieur, je n'ai plus de faim.

DOM JUAN. Mets-toi là, te dis-je. À boire. À la santé du
5 Commandeur : je te la porte[1], Sganarelle. Qu'on lui donne du vin.

SGANARELLE. Monsieur, je n'ai pas soif.

DOM JUAN. Bois, et chante ta chanson, pour régaler[2] le Commandeur.

10 **SGANARELLE.** Je suis enrhumé, Monsieur.

DOM JUAN. Il n'importe. Allons. Vous autres, venez, accompagnez sa voix.

LA STATUE. Dom Juan, c'est assez. Je vous invite à venir demain souper avec moi. En aurez-vous le courage ?

15 **DOM JUAN.** Oui, j'irai, accompagné du seul Sganarelle.

SGANARELLE. Je vous rends grâce, il est demain jeûne pour moi.

DOM JUAN, *à Sganarelle.* Prends ce flambeau.

LA STATUE. On n'a pas besoin de lumière, quand on est
20 conduit par le Ciel.

---

1. Je bois à la santé du Commandeur et je t'invite à en faire autant.
2. **Régaler :** fêter.

SITUER

La statue du Commandeur survient.

RÉFLÉCHIR

PERSONNAGES : l'endurcissement du pécheur

1. Dom Juan croit-il toujours qu'il a été « trompé par un faux jour, ou surpris de quelque vapeur » (acte IV, scène 1) ? Son attitude a-t-elle varié pour autant ? Pourquoi persiste-t-il à nier l'évidence ? Comment accepte-t-il l'invitation ?

REGISTRES ET TONALITÉS : le contraste

2. La scène contient à la fois une partie comique, liée à l'attitude de Sganarelle, et une phase plus inquiétante, due à l'interruption sèche de la statue : quel est l'effet provoqué par la rupture de ton (« C'est assez [...] ») ? Pourquoi la statue est-elle si laconique et la scène si courte ?

STRUCTURE : la fuite en avant

L'acte IV est conçu comme une succession de sketches reliés apparemment par le caprice du hasard ; mais ces scènes ne font pas que montrer une série de « fâcheux » retardant le souper du héros.

1. En quoi cette succession constitue-t-elle un *crescendo* de la tension ? Quel est l'intérêt de l'apparition de la statue à la fin de l'acte ?

2. Après la scène bouffonne de M. Dimanche, Molière enchaîne sans transition un affrontement pathétique entre le héros et son père. Que peut signifier cette volonté de dérouter le spectateur ?

PERSONNAGES : la richesse des caractères

Comme la succession d'épisodes romanesques, chaque scène constitue aussi une épreuve dans laquelle se révèle et s'enrichit le caractère des personnages principaux.

3. Dom Juan n'a cessé de se dérober aux prières et aux pressions ; il a réagi par la dérision et le mépris à l'égard des humains, mais avec courage devant le surnaturel. En quoi son image a-t-elle évolué par rapport à la fin de l'acte III ?

4. Sganarelle, perverti au contact du « grand seigneur méchant homme », est poussé par la crainte ; où le voit-on néanmoins se détacher de son maître et désapprouver *in petto* ses déportements ?

REGISTRES ET TONALITÉS : le sens de la variété

Comme *Dom Juan,* d'autres comédies de Molière *(Le Tartuffe, Le Misanthrope)* offrent des changements de tons, qui permettent ordinairement d'éviter que la pièce ne verse dans le tragique et de fustiger le ridicule des héros.

5. Quelle relation voyez-vous entre ces changements de ton et l'image que se fait le spectateur du caractère de Dom Juan ? Quel est l'intérêt de cette ambiguïté ?

ACTE V[1]

SCÈNE PREMIÈRE. DOM LOUIS, DOM JUAN, SGANARELLE.

DOM LOUIS. Quoi ? mon fils, serait-il possible que la bonté du Ciel eût exaucé mes vœux ? Ce que vous me dites est-il bien vrai ? Ne m'abusez-vous point d'un faux espoir, et puis-je prendre quelque assurance sur la nouveauté surprenante
5 d'une telle conversion ?

DOM JUAN, *faisant l'hypocrite.* Oui, vous me voyez revenu de toutes mes erreurs ; je ne suis plus le même d'hier au soir, et le Ciel tout d'un coup a fait en moi un changement qui va surprendre tout le monde : il a touché mon âme et dessillé
10 mes yeux, et je regarde avec horreur le long aveuglement où j'ai été, et les désordres criminels de la vie que j'ai menée. J'en repasse dans mon esprit toutes les abominations, et m'étonne[2] comme le Ciel les a pu souffrir si longtemps, et n'a pas vingt fois sur ma tête laissé tomber les coups de sa
15 justice redoutable. Je vois les grâces que sa bonté m'a faites en ne me punissant point de mes crimes ; et je prétends en profiter comme je dois, faire éclater aux yeux du monde un soudain changement de vie, réparer par là le scandale de mes actions passées, et m'efforcer d'en obtenir du Ciel une
20 pleine rémission[3]. C'est à quoi je vais travailler ; et je vous prie, Monsieur, de vouloir bien contribuer à ce dessein, et de m'aider vous-même à faire choix d'une personne qui me serve de guide[4], et sous la conduite de qui je puisse marcher sûrement dans le chemin où je m'en vais entrer.

25 **DOM LOUIS.** Ah ! mon fils, que la tendresse d'un père est aisément rappelée, et que les offenses d'un fils s'évanouissent

---

1. D'après le marché du 3 décembre 1664, l'acte V a pour décor l'extérieur d'une ville, proche de la forêt où se trouve le mausolée du Commandeur.
2. Je suis émerveillé de voir.
3. **Rémission :** pardon.
4. **Guide :** directeur de conscience, fonction qu'assume Tartuffe auprès d'Orgon.

vite au moindre mot de repentir ! Je ne me souviens plus
déjà de tous les déplaisirs que vous m'avez donnés, et tout
est effacé par les paroles que vous venez de me faire enten-
30 dre. Je ne me sens pas[1], je l'avoue ; je jette des larmes de
joie ; tous mes vœux sont satisfaits, et je n'ai plus rien désormais à demander au Ciel. Embrassez-moi, mon fils, et persis-
tez, je vous conjure, dans cette louable pensée. Pour moi,
j'en vais tout de ce pas porter l'heureuse nouvelle à votre
35 mère, partager avec elle les doux transports du ravissement
où je suis, et rendre grâce au Ciel des saintes résolutions
qu'il a daigné vous inspirer.

SCÈNE 2. DOM JUAN, SGANARELLE.

SGANARELLE. Ah ! Monsieur, que j'ai de joie de vous voir
converti ! Il y a longtemps que j'attendais cela, et voilà,
grâce au Ciel, tous mes souhaits accomplis.

DOM JUAN. La peste le benêt !

5 **SGANARELLE.** Comment, le benêt ?

DOM JUAN. Quoi ? tu prends pour de bon argent ce que
je viens de dire, et tu crois que ma bouche était d'accord
avec mon cœur ?

SGANARELLE. Quoi ? ce n'est pas… Vous ne… Votre…
10 Oh ! quel homme ! quel homme ! quel homme !

DOM JUAN. Non, non, je ne suis point changé, et mes
sentiments sont toujours les mêmes.

SGANARELLE. Vous ne vous rendez pas à la surprenante
merveille de cette statue mouvante et parlante ?

15 **DOM JUAN.** Il y a bien quelque chose là-dedans que je ne
comprends pas ; mais quoi que ce puisse être, cela n'est pas
capable ni de convaincre mon esprit, ni d'ébranler mon âme ;
et si j'ai dit que je voulais corriger ma conduite et me jeter

---

1. Je ne me sens pas de joie.

dans un train de vie exemplaire, c'est un dessein que j'ai
20 formé par pure politique[1], un stratagème utile, une grimace
nécessaire où je veux me contraindre, pour ménager un père
dont j'ai besoin, et me mettre à couvert, du côté des
hommes, de cent fâcheuses aventures qui pourraient m'arriver. Je veux bien, Sganarelle, t'en faire confidence, et je suis
25 bien aise d'avoir un témoin du fond de mon âme et des
véritables motifs qui m'obligent à faire les choses.

SGANARELLE. Quoi ? vous ne croyez rien du tout, et vous
voulez cependant vous ériger en homme de bien ?

DOM JUAN. Et pourquoi non ? Il y en a tant d'autres
30 comme moi, qui se mêlent de ce métier, et qui se servent du
même masque pour abuser le monde !

SGANARELLE. Ah ! quel homme ! quel homme !

DOM JUAN. Il n'y a plus de honte maintenant à cela :
l'hypocrisie[2] est un vice à la mode, et tous les vices à la mode
35 passent pour vertus. Le personnage d'homme de bien est le
meilleur de tous les personnages qu'on puisse jouer
aujourd'hui, et la profession d'hypocrite a de merveilleux
avantages. C'est un art de qui l'imposture est toujours respectée ; et quoiqu'on la découvre, on n'ose rien dire contre elle.
40 Tous les autres vices des hommes sont exposés à la censure, et
chacun a la liberté de les attaquer hautement ; mais l'hypocrisie est un vice privilégié, qui, de sa main, ferme la bouche à
tout le monde, et jouit en repos d'une impunité souveraine.
On lie, à force de grimaces, une société étroite avec tous les
45 gens du parti. Qui en choque[3] un, se les jette tous sur les bras ;
et ceux que l'on sait même agir de bonne foi là-dessus, et que
chacun connaît pour être véritablement touchés[4], ceux-là, dis-
je, sont toujours les dupes des autres ; ils donnent hautement
dans le panneau des grimaciers et appuient aveuglément les
50 singes de leurs actions. Combien crois-tu que j'en connaisse

---

1. **Par pure politique :** par calcul.
2. Voir p. 141 et suiv.
3. **Choque :** offense.
4. **Touchés :** touchés par la grâce.

qui, par ce stratagème, ont rhabillé adroitement les désordres
de leur jeunesse, qui se sont fait un bouclier du manteau de la
religion, et, sous cet habit respecté, ont la permission d'être les
plus méchants hommes du monde ? On a beau savoir leurs
55 intrigues et les connaître pour ce qu'ils sont, ils ne laissent pas
pour cela d'être en crédit parmi les gens ; et quelque baisse-
ment de tête, un soupir mortifié[1], et deux roulements d'yeux
rajustent dans le monde tout ce qu'ils peuvent faire. C'est sous
cet abri favorable que je veux me sauver, et mettre en sûreté
60 mes affaires. Je ne quitterai point mes douces habitudes ; mais
j'aurai soin de me cacher et me divertirai à petit bruit. Que si
je viens à être découvert, je verrai, sans me remuer, prendre
mes intérêts à toute la cabale[2], et je serai défendu par elle
envers et contre tous. Enfin c'est là le vrai moyen de faire
65 impunément tout ce que je voudrai. Je m'érigerai en censeur
des actions d'autrui, jugerai mal de tout le monde, et n'aurai
bonne opinion que de moi. Dès qu'une fois on m'aura
choqué tant soit peu, je ne pardonnerai jamais et garderai tout
doucement une haine irréconciliable. Je ferai le vengeur des
70 intérêts du Ciel, et, sous ce prétexte commode, je pousserai[3]
mes ennemis, je les accuserai d'impiété, et saurai déchaîner
contre eux des zélés indiscrets[4], qui, sans connaissance de
cause, crieront en public contre eux, qui les accableront
d'injures, et les damneront hautement de leur autorité privée.
75 C'est ainsi qu'il faut profiter des faiblesses des hommes, et
qu'un sage esprit s'accommode aux vices de son siècle.

SGANARELLE.   Ô Ciel ! qu'entends-je ici ? Il ne vous
manquait plus que d'être hypocrite pour vous achever de
tout point, et voilà le comble des abominations. Monsieur,
80 cette dernière-ci m'emporte[5] et je ne puis m'empêcher de
parler. Faites-moi tout ce qu'il vous plaira, battez-moi,
assommez-moi de coups, tuez-moi, si vous voulez : il faut

---

1. **Mortifié** : qui exprime les pénitences.
2. La cabale tout entière défendra mes intérêts.
3. Je repousserai, je ferai fuir.
4. **Indiscrets** : qui manquent de jugement, de discernement.
5. **M'emporte** : me fait sortir de mes gonds.

que je décharge mon cœur, et qu'en valet fidèle je vous dise
ce que je dois. Sachez, Monsieur, que tant va la cruche à l'eau
85 qu'enfin elle se brise ; et comme dit fort bien cet auteur que
je ne connais pas, l'homme est en ce monde ainsi que l'oiseau
sur la branche ; la branche est attachée à l'arbre ; qui s'attache à l'arbre suit de bons préceptes ; les bons préceptes valent
mieux que les belles paroles ; les belles paroles se trouvent à
90 la cour ; à la cour sont les courtisans ; les courtisans suivent la
mode ; la mode vient de la fantaisie[1] ; la fantaisie est une
faculté de l'âme ; l'âme est ce qui nous donne la vie ; la vie
finit par la mort ; la mort nous fait penser au Ciel ; le Ciel est
au-dessus de la terre ; la terre n'est point la mer ; la mer est
95 sujette aux orages ; les orages tourmentent les vaisseaux ; les
vaisseaux ont besoin d'un bon pilote ; un bon pilote a de la
prudence ; la prudence n'est point dans les jeunes gens ; les
jeunes gens doivent obéissance aux vieux ; les vieux aiment
les richesses ; les richesses font les riches ; les riches ne sont
100 pas pauvres ; les pauvres ont de la nécessité[2]; nécessité n'a
point de loi ; qui n'a point de loi vit en bête brute ; et par
conséquent, vous serez damné à tous les diables.

DOM JUAN. Ô le beau raisonnement !

SGANARELLE. Après cela, si vous ne vous rendez, tant pis
105 pour vous.

---

1. **Fantaisie :** imagination.
2. **Ont de la nécessité :** sont dans le besoin.

SITUER

Le dramaturge ménage un effet de surprise au spectateur : comme Dom Juan a reçu de nombreux avertissements, sa conversion paraît vraisemblable, mais il n'en est rien. Il a choisi de s'abriter sous le manteau de l'hypocrisie.

RÉFLÉCHIR

THÈMES : l'hypocrisie, réalité et fiction

1. Quel intérêt Dom Juan trouve-t-il à devenir hypocrite ?

2. En quoi ce nouveau crime du personnage équivaut-il à une gradation dans le mal ? (Voir p. 147.)

3. À quelle affaire brûlante de l'actualité récente la tirade de Dom Juan fait-elle écho ? (Voir p. 141.) Derrière Dom Juan s'adressant à son valet, l'auteur décrit au public les agissements de la cabale des dévots : quelle tactique Molière choisit-il ici pour se défendre ? Recherchez dans la tirade de Dom Juan des allusions précises. Peut-on en conclure que le dramaturge est quelque peu désabusé quant à la nature de l'homme ?

PERSONNAGES : surprise ou logique du caractère ?

4. Dom Juan joue-t-il l'hypocrite, comme il jouait les amoureux avec les paysannes, ou l'est-il en vérité, ainsi que pouvait l'annoncer son comportement à l'égard de Done Elvire (acte I, scène 3) ? A-t-il une unité profonde ou ne cherche-t-il qu'à outrepasser toutes les règles ?

5. Que pensez-vous de cette interprétation d'Henri Gouhier : « À vrai dire, ce n'est pas une improvisation inédite pour se tirer d'un mauvais pas. [...] L'hypocrisie est un trait constitutionnel du donjuanisme dans la pièce de Molière [...]. À l'acte V, elle devient un style de vie [...]. Il est normal qu'allant jusqu'au bout de lui-même, le trompeur devienne l'Imposteur si les circonstances le font vivre dans une société où l'hypocrisie religieuse est une *assurance tous risques* » (voir p. 141-145).

6. Pourquoi Dom Juan n'est-il pas mécontent d'avoir un témoin ?

7. À quoi tend la tirade bouffonne de Sganarelle, dont Gustave Michaut écrit qu'« il a le besoin plus que le talent de raisonner » ?

Scène 3. Dom Carlos, Dom Juan, Sganarelle.

DOM CARLOS. Dom Juan, je vous trouve à propos, et suis bien aise de vous parler ici plutôt que chez vous, pour vous demander vos résolutions. Vous savez que ce soin me regarde, et que je me suis en votre présence chargé de cette
5 affaire. Pour moi je ne le cèle point, je souhaite fort que les choses aillent dans la douceur ; et il n'y a rien que je ne fasse pour porter votre esprit à vouloir prendre cette voie, et pour vous voir publiquement confirmer à ma sœur le nom de votre femme.

10 **DOM JUAN,** *d'un ton hypocrite.* Hélas ! je voudrais bien, de tout mon cœur, vous donner la satisfaction que vous souhaitez ; mais le Ciel s'y oppose directement : il a inspiré à mon âme le dessein de changer de vie, et je n'ai point d'autres pensées maintenant que de quitter entièrement tous les atta-
15 chements du monde, de me dépouiller au plus tôt de toutes sortes de vanités, et de corriger désormais par une austère conduite tous les dérèglements criminels où m'a porté le feu d'une aveugle jeunesse.

DOM CARLOS. Ce dessein, Dom Juan, ne choque point[1] ce
20 que je dis ; et la compagnie d'une femme légitime peut bien s'accommoder avec les louables pensées que le Ciel vous inspire.

DOM JUAN. Hélas ! point du tout. C'est un dessein que votre sœur elle-même a pris : elle a résolu sa retraite, et nous
25 avons été touchés tous deux en même temps.

DOM CARLOS. Sa retraite ne peut nous satisfaire, pouvant être imputée au mépris que vous feriez d'elle et de notre famille ; et notre honneur[2] demande qu'elle vive avec vous.

DOM JUAN. Je vous assure que cela ne se peut. J'en avais,
30 pour moi, toutes les envies du monde, et je me suis même

---

1. **Ne choque point :** ne contredit point.
2. Voir p. 164.

encore aujourd'hui conseillé[1] au Ciel pour cela ; mais, lorsque je l'ai consulté, j'ai entendu une voix qui m'a dit que je ne devais point songer à votre sœur, et qu'avec elle assurément je ne ferais point mon salut.

35 **DOM CARLOS.** Croyez-vous, Dom Juan, nous éblouir par ces belles excuses ?

DOM JUAN. J'obéis à la voix du Ciel.

DOM CARLOS. Quoi ? vous voulez que je me paye d'un semblable discours ?

40 **DOM JUAN.** C'est le Ciel qui le veut ainsi.

DOM CARLOS. Vous aurez fait sortir ma sœur d'un couvent, pour la laisser ensuite ?

DOM JUAN. Le Ciel l'ordonne de la sorte.

DOM CARLOS. Nous souffrirons cette tache en notre 45 famille ?

DOM JUAN. Prenez-vous-en au Ciel.

DOM CARLOS. Et quoi ? toujours le Ciel ?

DOM JUAN. Le Ciel le souhaite comme cela.

DOM CARLOS. Il suffit, Dom Juan, je vous entends. Ce 50 n'est pas ici que je veux vous prendre[2], et le lieu ne le souffre pas ; mais, avant qu'il soit peu, je saurai vous trouver.

DOM JUAN. Vous ferez ce que vous voudrez ; vous savez que je ne manque point de cœur, et que je sais me servir de mon épée quand il le faut. Je m'en vais passer tout à l'heure 55 dans cette petite rue écartée qui mène au grand couvent ; mais je vous déclare, pour moi, que ce n'est point moi qui me veux battre : le Ciel m'en défend la pensée ; et si vous m'attaquez, nous verrons ce qui en arrivera.

DOM CARLOS. Nous verrons, de vrai, nous verrons.

---

1. **Je me suis conseillé :** j'ai demandé conseil.
2. **Vous prendre :** vous appeler au combat.

SCÈNE 4. DOM JUAN, SGANARELLE.

SGANARELLE. Monsieur, quel diable de style prenez-vous
là ? Ceci est bien pis que le reste, et je vous aimerais bien
mieux encore comme vous étiez auparavant. J'espérais
toujours de votre salut ; mais c'est maintenant que j'en
5 désespère ; et je crois que le Ciel, qui vous a souffert jusques
ici, ne pourra souffrir du tout cette dernière horreur.

DOM JUAN. Va, va, le Ciel n'est pas si exact que tu penses ;
et si toutes les fois que les hommes...

SGANARELLE. Ah ! Monsieur, c'est le Ciel qui vous parle,
10 et c'est un avis qu'il vous donne.

DOM JUAN. Si le Ciel me donne un avis, il faut qu'il parle
un peu plus clairement, s'il veut que je l'entende.

SCÈNE 5. DOM JUAN, UN SPECTRE,
en femme voilée, SGANARELLE.

LE SPECTRE. Dom Juan n'a plus qu'un moment à pouvoir
profiter de la miséricorde du Ciel ; et s'il ne se repent ici,
sa perte est résolue.

SGANARELLE. Entendez-vous, Monsieur ?

5 **DOM JUAN.** Qui ose tenir ces paroles ? Je crois connaître
cette voix.

SGANARELLE. Ah ! Monsieur, c'est un spectre : je le reconnais au marcher.

DOM JUAN. Spectre, fantôme, ou diable, je veux voir ce
10 que c'est.

*Le Spectre change de figure, et représente le temps avec sa faux
à la main.*

SGANARELLE. Ô Ciel ! voyez-vous, Monsieur, ce changement de figure ?

15 **DOM JUAN.** Non, non, rien n'est capable de m'imprimer
de la terreur, et je veux éprouver avec mon épée si c'est un
corps ou un esprit.

Le Spectre s'envole dans le temps que Dom Juan le veut frapper.

SGANARELLE. Ah ! Monsieur, rendez-vous à tant de preu-
20 ves, et jetez-vous vite dans le repentir.

DOM JUAN. Non, non, il ne sera pas dit, quoi qu'il arrive,
que je sois capable de me repentir. Allons, suis-moi.

SCÈNE 6. LA STATUE, DOM JUAN, SGANARELLE.

LA STATUE. Arrêtez, Dom Juan : vous m'avez hier donné
parole de venir manger avec moi.

DOM JUAN. Oui. Où faut-il aller ?

LA STATUE. Donnez-moi la main.

5 **DOM JUAN.** La voilà.

LA STATUE. Dom Juan, l'endurcissement au péché traîne[1]
une mort funeste, et les grâces du Ciel que l'on renvoie
ouvrent un chemin à sa foudre.

DOM JUAN. Ô Ciel ! que sens-je ? Un feu invisible me
10 brûle, je n'en puis plus, et tout mon corps devient un brasier
ardent. Ah !

*Le tonnerre tombe avec un grand bruit et de grands éclairs sur
Dom Juan ; la terre s'ouvre et l'abîme ; et il sort de grands
feux de l'endroit où il est tombé.*

15 **SGANARELLE.** [Ah ! mes gages, mes gages !][2] Voilà par sa
mort un chacun satisfait : Ciel offensé, lois violées, filles
séduites, familles déshonorées, parents outragés, femmes
mises à mal, maris poussés à bout, tout le monde est
content. Il n'y a que moi seul de malheureux. [Mes gages,
20 mes gages, mes gages !]

---

1. **Traîne :** entraîne.
2. Les passages entre crochets viennent de l'édition hollandaise non
censurée de 1683.

SITUER

Le moment est venu où Dom Juan, au pied du mur, doit payer pour ses fautes : l'impie sera foudroyé.

RÉFLÉCHIR

PERSONNAGES : la fermeté du héros

1. Dom Juan est-il ébranlé à ce moment fatidique ? Qu'est-ce qui le pousse à aller jusqu'au bout de son défi ?

2. Pourquoi peut-on dire de Sganarelle qu'il est puni par où il a péché ?

THÈMES : le châtiment du Ciel

3. De quelle manière l'intervention du spectre (scène 5) contribue-t-elle à annoncer le châtiment final ? La statue du Commandeur ne fait-elle pas allusion à ce dernier signe du Ciel ?

4. La statue et le valet tirent la morale de l'histoire : en quoi leurs propos sont-ils complémentaires ?

5. Pourquoi, selon vous, la censure a-t-elle supprimé les exclamations de Sganarelle : « Ah ! mes gages ! mes gages ! » ? En quoi le ton de la réplique en est-il affecté ?

DRAMATURGIE : une fin signifiante

6. Pourquoi Molière tait-il de décrire à Dom Juan ce qu'il ressent au moment de la mort ?

7. Alors que, dans la tradition de la comédie, tous les acteurs sont réunis sur le plateau, quelle signification revêt ici la solitude de Sganarelle ?

ÉCRIRE

Vous êtes romancier : récrivez ce dernier chapitre de l'histoire (scènes 5 et 6) pour clore votre roman.

SOCIÉTÉ : les luttes de Molière

Les actes précédents mettaient en cause des conditions sociales, des valeurs morales, des structures familiales. L'acte V revêt une portée satirique particulière parce qu'il vise une autre cible.

1. Quel pouvoir Molière défie-t-il ici ouvertement ? Ce faisant, quels risques prend-il ?

DRAMATURGIE : la chute annoncée

L'acte V, acte du dénouement, doit résoudre toutes les intrigues. Il doit avoir été préparé, et en même temps convaincre le spectateur par sa force et par son évidence.

2. Le châtiment qui frappe le héros a été annoncé à plusieurs reprises dans la pièce : où et par qui ?

3. L'acte est construit sur un effet de *crescendo* : comment celui-ci s'inscrit-il dans les avertissements adressés à Dom Juan ? et dans l'endurcissement de ce dernier ?

SOCIÉTÉ : UNE ŒUVRE INÉPUISABLE

Depuis la mort de Molière, chaque époque propose une lecture nouvelle de *Dom Juan*, et l'on sait notamment que les romantiques ont anobli le « grand seigneur méchant homme » pour en faire l'archétype du révolté qui, tel Prométhée, brave la puissance divine. Mais, au XVIIe siècle, cette œuvre revêt une portée essentiellement sociale.

1. Rappelez quels sont les maux dénoncés par Molière.

PERSONNAGES : UN HÉROS QUI FASCINE TOUJOURS

Le sens pris par le nom du héros dans la langue courante – un don juan – rend bien imparfaitement compte de la complexité du personnage, de l'ambiguïté des sentiments qu'il suscite, de la fascination qu'il continue d'exercer sur des générations de spectateurs.

2. Molière donne de son héros une image, dans l'ensemble, bien négative, en dépit de sa séduction et de son courage. En quoi peut-on dire que cette image subit une dégradation progressive ?

3. Si le thème de la séduction n'est plus repris après l'acte II par le dramaturge, c'est qu'il ne constitue qu'un trait secondaire du héros (voir p. 169-170). Quel est selon vous le trait de caractère principal de Dom Juan ?

4. En quoi ce trait peut-il expliquer la fascination qu'exerce toujours le personnage ?

DRAMATURGIE : L'UNITÉ DE L'ŒUVRE

Malgré l'éclatement de l'unité de lieu et le caractère fortuit des rencontres successives, en dépit du fait que Dom Juan n'a pratiquement aucune influence sur le cours des événements, et par-delà le surprenant mélange des tons, inhabituel dans la dramaturgie classique, cette œuvre présente une unité certaine.

5. Quel rôle y joue la présence en scène quasi constante du héros et de son serviteur ?

6. Quel est le principal facteur de l'unité d'action ?

Dom Juan demeure une œuvre à part dans la carrière de Molière et même dans notre répertoire comique. Alors que *Les Précieuses ridicules* raillent les affectations de certains milieux précieux, que *L'École des femmes* condamne une certaine forme d'éducation donnée aux femmes, que *Le Tartuffe* fustige l'hypocrisie religieuse, que *Le Bourgeois gentilhomme* dénonce le snobisme des bourgeois qui singent la noblesse, il n'en va pas de même avec *Dom Juan*, car, en raison de son esthétique singulière, le sens de cette œuvre demeure en suspens. Il semble qu'aucune vérité dogmatique ne s'en dégage nettement et qu'aucun de ses personnages n'échappe à une ambiguïté fondamentale : aucun d'eux ne peut apporter une certitude qui ne soit démentie par une argumentation ou un comportement contradictoire, et nul « raisonneur » (voir p. 157-158), ne vient, à certains moments, faire la part des choses, rééquilibrer le débat, de sorte que Patrick Dandrey peut parler d'un véritable « vacillement du sens » (*Dom Juan, ou la Critique de la raison commune*, Paris, H. Champion, 1993, p. 127). Cette pièce pousse plus qu'une autre à la réflexion, car elle ne contient guère les références indiscutables à une norme sociale qui se trouvent nécessairement dans les autres comédies. Est-ce ce vertige qui nous trouble encore aujourd'hui ?

L'UNIVERS
DE L'ŒUVRE

Dossier documentaire
et pédagogique

LE TEXTE
ET SES IMAGES

IMAGES DE DOM JUAN (P. 2-3)

Variété des interprétations, changements d'humeur…

1. Document 1 : Selon vous, quels sentiments le visage de l'acteur peut-il exprimer ? Quel sens donnez-vous à son attitude et aux objets qui l'entourent ? À quelle(s) scène(s) cela pourrait-il correspondre ?

2. Document 2 : Quels points communs voyez-vous entre cette image et celle de la page 2 ? Quelles pensées prêtez-vous au personnage?

3. Sur le document 3, quel sens donnez-vous à la position des bras largement ouverts ? À qui Dom juan peut-il s'adresser, selon vous ?

PAUVRE SGANARELLE ! (P. 4-5)

Le valet, poussé par sa crainte, est tour à tour complice forcé, témoin impuissant, voire confident moralisateur, ce dont témoignent les différentes photos sur lesquelles il paraît.

4. Qu'exprime selon vous, sur le document 4, le fait que Sganarelle soit assis et qu'il tourne le dos à son maître et à Done Elvire ? Quelles expressions lisez-vous sur son visage ?

5. Pourquoi est-il voûté sur le document 5 ? Que pensez-vous du costume de Dom Juan ? Dans quelle scène en donne-t-on la description ?

DOM JUAN SÉDUCTEUR (P. 6-7)

« Dame, demoiselle, bourgeoise, paysanne, il ne trouve rien de trop chaud ni de trop froid pour lui » (I, 1).

6. Document 6 : Commentez, à la lumière de la scène 3 de l'acte I, le vêtement et de l'attitude de Done Elvire. En quoi le costume d'Elvire diffère-t-il de celui de Dom Juan ?

7. Document 7 : D'après le sourire des paysannes et du héros, pouvez-vous dire à quel moment précis de la scène correspond la photo ?

8. Sur le document 8, pourquoi le metteur en scène a-t-il placé les paysannes de part et d'autre du séducteur ? Qu'est-ce qui réjouit Dom Juan ? Que suggère l'attitude des personnages, notamment la position des mains du héros et la posture inclinée des paysannes ?

LA SCÈNE DU PAUVRE (P. 8-9)

La scène du pauvre peut être conçue par un metteur en scène dans une perspective réaliste ou au contraire métaphorique.

9. Sur le document 9, le visage du pauvre est caché par son vêtement ; en quoi ce choix du metteur en scène est-il signifiant ? D'après le geste de Sganarelle, dites à quel moment précis de la scène correspond la photo.

10. Document 10 : Quel statut l'habit du Pauvre évoque-t-il ici ? À quel moment précis de la scène 2 de l'acte III le geste de Dom Juan peut-il correspondre ?

11. Document 11 : Ici le pauvre n'est vêtu que d'un pagne ; à quoi cela fait-il penser ? Que signifie, selon vous, son geste de la main ? Le décor correspond-il à la scène ? Quelle peut être la signification de ce choix ?

LA TRANSGRESSION DE L'AUTORITÉ (P. 10-11)

Dom Juan bafoue toute forme d'autorité, y compris l'autorité naturelle de son père, ce qui au XVIIᵉ siècle est un véritable crime.

12. Quelle relation l'image 12 suggère-t-elle entre les deux personnages ? Illustre-t-elle mieux à la scène 4 de l'acte IV ou à la scène 1 de l'acte V ? Justifiez votre réponse.

13. Quel moment précis de la scène le document 13 illustre-t-il ? Pensez-vous que l'attitude de Sganarelle soit en accord avec le texte ? Qu'en déduisez-vous quant à la liberté du metteur en scène ?

LA STATUE DU COMMANDEUR (P. 12-13)

En tendant la main au spectre, après avoir méprisé tous les avis du Ciel, Dom Juan se montre fidèle à lui-même. Il va jusqu'au bout de son défi.

14. Document 14 : quels sont les tons dominants de ce tableau et que peuvent-ils suggérer ? Pourquoi la tête de la statue tend-elle à se perdre dans le ciel ? En relisant le texte avec attention, dites quelles libertés le peintre a prises quant à la tenue du Commandeur et à son geste fatidique.

15. En quoi l'éclairage et l'austérité du décor sont-ils porteurs de sens dans le document 15 ? L'attitude de Dom Juan est-elle conforme à ce qu'indique le texte ?

DOM JUAN AU CINÉMA (P. 14-15)

Le cinéma offre à un metteur en scène, on le sait, de nombreuses possibilités de jouer sur le décor et les angles de vue.

16. Sur le document 16, pourquoi *Dom Juan* est-il photographié en contre-plongée et à contre-jour ? À quel personnage fait-il penser, ainsi entouré de flammes ?

17. Sur le document 17, quelle atmosphère suggèrent la nuit, les flammes et l'eau ? Peut-on faire un rapprochement avec un fleuve célèbre de la mythologie grecque ?

UNE TRAGÉDIE ? (P. 16)

Après le châtiment du Ciel qui a frappé son maître, fin contraire à la tradition comique, Sganarelle demeure seul en scène.

18. Quelle est l'atmosphère créée par le décor sur le document 18 ? Que suggèrent les personnages à l'arrière-plan et les cierges allumés ? Quel est le ton de cette dernière scène ? Comment l'acteur peut-il prononcer sa dernière réplique, et réclamer ses gages impayés, sans faire sourire le public ?

QUAND MOLIÈRE ÉCRIVAIT...

Le monde du théâtre et les pièces à machines

LES CONDITIONS DE LA REPRÉSENTATION

Les conditions dans lesquelles se déroule une représentation au XVIIᵉ siècle auraient de quoi surprendre aujourd'hui. D'abord, le spectacle est fréquemment troublé par le public populaire et agité du parterre (partie de la salle où les places sont les moins chères, car les spectateurs y sont debout). Les disputes n'y sont pas rares, on s'interpelle, on lance des quolibets, et lorsqu'on apprécie certains passages, on « fait le brouhaha », c'est-à-dire du chahut. Sorel écrit en 1642 : « Le parterre est fort incommode pour la presse qui s'y trouve de mille marauds, même parmi les honnêtes gens auxquels ils veulent quelquefois faire des affronts, et, ayant fait des querelles pour un rien, mettent la main à l'épée et interrompent toute la comédie. » Il arrive même que le public parvienne à faire suspendre un spectacle qui ne lui plaît pas et à faire changer la pièce au programme, comme le rapporte Donneau de Visé. Il crée également des désordres graves, pouvant aller jusqu'à mort d'homme, ce qui entraîne l'interdiction royale faite aux laquais, et plusieurs fois renouvelée, d'y porter la dague, l'épée ou le pistolet. C'est pourtant ce public qui, si l'on en croit Molière, jouit du meilleur jugement, alors que, aux yeux des doctes, il ignore tout du théâtre. « Ris donc, parterre, ris donc » lance avec dépit un fâcheux, décrit par Dorante dans *La Critique de l'École des femmes*. Après 1630, le théâtre étant devenu fréquentable, les honnêtes gens, et les femmes en particulier, ne craignent plus de s'y montrer, car, comme l'écrit Guez de Balzac, on y a « nettoyé les planches de toute sorte d'ordures et réconcilié la volupté avec la vertu ». Le public suit par ailleurs avec intérêt les polémiques et les querelles de la vie théâtrale qui, telle celle du *Cid*, ou, plus tard, celle de *L'École des femmes*, opposent les acteurs et les théâtres ; quant à la rivalité des auteurs, elle donne lieu à des luttes dont les spectateurs sont également très friands.

Ensuite, la scène est mal éclairée par les chandelles, ce qui oblige l'acteur à jouer devant la rampe ; elle est de petites dimensions, et, de plus, encombrée de spectateurs nobles qui se trouvent là pour être vus, ce qui peut donner lieu à des scènes cocasses. « Combien de fois, rapporte l'abbé de Pure, sur ces morceaux de vers : "Mais le voici... mais je le vois...", a-t-on pris pour un comédien, et pour le personnage qu'on attendait, des hommes bien faits et bien mis qui entraient alors sur le théâtre et qui cherchaient des places après même plusieurs scènes déjà exécutées ? »

LES SALLES

Il n'existe, dans la première partie du siècle, qu'une seule véritable salle de théâtre à Paris, celle de l'Hôtel de Bourgogne. Les autres troupes jouent dans des jeux de paume, ancêtres de nos salles de tennis, que l'on aménage de façon sommaire et parfois incommode. On y dispose donc une scène et, entourant le parterre, des loges latérales d'où l'on voit mal, ainsi qu'un amphithéâtre en gradins au fond.

Molière a joué dans plusieurs théâtres parisiens, si l'on excepte les jeux de paume. À son retour à Paris, il se voit attribuer par le roi, auquel la troupe a su plaire, la belle salle du Petit-Bourbon, qu'il occupe en alternance avec les Comédiens-italiens dirigés par le célèbre Scaramouche, et située à l'emplacement de l'actuelle colonnade du Louvre. Cependant, un an après, en 1660, le surintendant des bâtiments du roi, M. de Ratabon, la fait détruire sans prévenir la troupe, car il faut agrandir le Louvre et le théâtre gêne les travaux. Mais le roi intervient et, en trois mois, il fait remettre en état la vieille salle en ruine du Palais-Royal, construite par Richelieu, où Molière restera douze ans. Il s'agit de l'ancien Palais-Cardinal, situé à l'angle des actuelles rues de Valois et Saint-Honoré, qui peut accueillir environ mille cinq cents personnes. C'est dans cette salle, qui brûlera en 1781, que Molière conçoit et crée ses plus grandes œuvres.

LE STATUT DES COMÉDIENS

Contrairement à ce qu'on pense généralement, les comédiens ne sont pas frappés d'excommunication. Dans la réalité, les choses sont plus souples, durant la première moitié du XVIIe siècle, grâce au soutien du pouvoir civil : Louis XIII avait affirmé la dignité du métier de comédien dans une déclaration royale enregistrée le 16 avril 1641 par le parlement, et, plus tard, Louis XIV n'hésite pas à être le parrain du premier enfant de Molière. L'Église se montre alors assez tolérante et l'on verra même un Bossuet assister à la cour à des représentations théâtrales, assis sur « le banc des évêques ». L'image sociale des comédiens s'est améliorée en même temps que leur situation matérielle : ils vivent souvent fort honorablement, se marient, font baptiser leurs enfants, reçoivent une sépulture chrétienne, et donnent au clergé un « droit des pauvres », prélevé sur la recette des représentations. Ce n'est qu'à l'occasion de l'affaire du *Tartuffe* que renaît la querelle de la moralité du théâtre, funeste à l'image des gens de théâtre.

Molière lui-même vit dans une grande aisance, après les débuts difficiles de L'Illustre Théâtre, qui lui valent de connaître la prison pour dettes. La troupe ne connaît pas la gêne durant son errance de treize ans en province, aux dires de Dassoucy, un poète musicien qui lui est associé, et Molière reçoit plusieurs milliers de livres des États du Languedoc et des riches protecteurs de la troupe. Par la suite, sa situation ne cesse de s'améliorer. Nous savons ainsi, grâce au registre du comédien La Grange, que Molière perçoit de grosses sommes d'argent. En outre, il bénéficie d'une double part, comme auteur, ainsi que le prévoit le contrat de la troupe, et il continue d'occuper sa charge de tapissier du roi, qu'il a finalement reprise. Enfin, si l'on ajoute à cela sa part de la pension royale qu'il perçoit en tant que « bel esprit », ses droits d'auteur à l'édition, on constate qu'il jouit d'une véritable fortune.

LES GOÛTS DE L'ÉPOQUE

Les spectacles les plus appréciés dans les années 1660 sont les pièces à machines, qui éblouissent les spectateurs avides de merveilleux au moyen d'effets spectaculaires : mers déchaînées, divinités volant dans les airs, éclairs et autres prodiges. Le genre est d'origine italienne : « Nous leur sommes redevables de la belle invention de ces machines et de ces vols hardis qui attirent en foule tout le monde à un spectacle si magnifique » écrit Samuel Chappuzeau, un contemporain. Le genre se répand en France sous l'impulsion de Mazarin et des jésuites qui montent volontiers des représentations édifiantes dans leurs collèges. Le Bernin met en scène, dès 1638, *L'Inondation du Tibre*, dont le réalisme impressionne le public. Les ingénieurs spécialistes de ce type d'effets sont Jacques Torelli et Charles Vigarini, qui collaboreront, entre autres, aux *Plaisirs de l'île enchantée*, les somptueuses fêtes organisées par Louis XIV en 1664.

Au Marais, théâtre spécialisé dans ce genre de spectacles, certaines représentations constituent à l'époque un événement dont on parle longtemps. L'envoyé de la cour de Savoie évoque en termes enthousiastes la représentation de *Psyché*, pièce écrite en collaboration par Molière, Corneille, Quinault et Lully, dont l'ingénieur italien Vigarini a conçu les machines : « Mais pour la dernière scène, c'est bien la chose la plus étonnante qui se puisse voir, car l'on voit tout en un instant paraître plus de trois cents personnes suspendues ou dans les nuages ou dans une gloire [nimbe], et cela fait la plus belle symphonie du monde en violons, théorbes, luths, clavecins, hautbois, flûtes, trompettes et cymbales. »

DOM JUAN, PIÈCE À MACHINES ?

L'esthétique propre de ce genre est sensiblement différente de celle des pièces classiques : elle recherche la diversité plutôt que l'unité, notamment à l'échelle du lieu, elle délaisse le vrai-semblable pour le merveilleux, et enfin le texte y perd un peu de son importance en faveur des effets spectaculaires, comme le reconnaît Pierre Corneille, dans l'« Argument » d'*Andromède* : « La beauté de la représentation supplée au manque de beaux vers [...] parce que mon principal but ici a été de satisfaire la vue par l'éclat et la diversité du spectacle, et non pas de toucher l'es-prit par la force du raisonnement, ou le cœur par la délicatesse des passions. [...] cette pièce n'est que pour les yeux. »

Avec *Dom Juan*, a-t-on affaire à une pièce à machines, comme le pense Christian Delmas[1] ? Dans cette pièce singulière, en effet, Molière préfère la diversité à l'unité : le décor y change six fois, avec, de plus, un changement à vue : au IIIe acte, le tombeau du Commandeur s'ouvre et le spectateur est transporté de la forêt à l'intérieur du mausolée. Le vraisemblable peut aussi céder la place au merveilleux : la statue du Commandeur fait des signes de tête, puis parle et vient dîner chez Dom Juan ; le spectre « change de figure et représente le temps avec sa faux à la main » ; et l'impie est finalement foudroyé sur scène « avec un grand bruit et de grands éclairs ».

---

1. « *Dom Juan* et le théâtre à machines », *Mythologie et mythe dans le théâtre français (1650-1676)*, Genève, Droz, 1985.

Un mythe moderne : théâtre et société dans *Dom Juan*

Molière, en écrivant *Dom Juan,* reprend un mythe occidental moderne[1], c'est-à-dire une fable dont les acteurs incarnent des aspects de la condition humaine et dont la portée dépasse une époque précise : le mythe énonce sous une forme codée certaines aspirations qui passeraient pour scandaleuses sous une forme explicite. Or le mythe de Dom Juan dit que l'individu, dont la conduite est constamment régulée par des interdits multiples, aspire à vivre dans une plus grande liberté, voire à se placer au-dessus des lois humaines et divines. Cette poussée de l'individualisme correspond à l'irrésistible lame de fond de la modernité qui monte en Occident, surtout depuis le XVIe siècle. Dans le second XVIIe siècle surtout, époque durant laquelle on se méfie au plus haut point de l'homme, guidé par le seul amour de soi (l'amour-propre), puisque la nature humaine est corrompue par le péché originel, la pression exercée sur l'individu contribue, plus qu'à d'autres périodes, à expliquer le succès incontestable de ce mythe.

Pour autant, la pièce ne s'inscrit pas moins profondément dans la réalité de son temps, à un moment où le théâtre et la société, qui ont rarement fait bon ménage, entrent en conflit ouvert, car la comédie a entrepris de dénoncer les maux qui gangrènent la société, la déchéance de la noblesse et l'hypocrisie religieuse.

---

1. Voir « Genèse de *Dom Juan* », p. 27-28.

LA DÉCHÉANCE DE LA NOBLESSE

La réalité

Les déportements des nobles sont un **fait de société**, dont il faut rechercher l'origine dans la perte de puissance de cette classe et sa domestication à la cour. Brisée par Louis XIV, la noblesse, reléguée à des fonctions mineures, éprouve un profond désarroi qui s'est traduit collectivement par le sursaut de la Fronde (1648-1652), et individuellement par des comportements désespérés, comme la débauche du prince de Conti[1] avant sa conversion. En témoignent certaines réactions officielles, comme les Grands Jours d'Auvergne (1665), qui ont pour objet de réprimer les « actions indignes de leur naissance » commises par des gentilshommes. En témoignent également les œuvres littéraires, telles que la *Satire V* de Boileau, qui développe, à la suite d'autres écrivains, ce lieu commun selon lequel la noblesse n'est rien sans la vertu et le mérite.

La fiction

La pièce de Molière illustre ce fait de société en offrant de la noblesse une **peinture peu flatteuse**. Peinture directe, d'une part, dans le choix d'un héros qui se révolte contre toute règle susceptible de limiter son plaisir individuel : contre la règle morale d'abord, puisqu'il affiche le plus complet mépris des autres et se décrit lui-même comme un séducteur cynique, lassé par la possession, et qui goûte en outre le plaisir sadique de faire souffrir. Révolte contre la règle sociale ensuite, puisqu'il refuse de remplir les devoirs de la noblesse en tenant son rang face aux roturiers (le Pauvre, les paysans, M. Dimanche), et qu'il prône hautement l'appartenance à un puissant groupe de pression, la cabale des dévots (V, 2). Révolte contre la règle religieuse enfin, car ce libertin ne se laisse arrêter ni par les grilles d'un couvent,

---

1. Le très puissant prince de Conti, qui avait pris la troupe de Molière sous sa protection, alors qu'il était gouverneur du Languedoc, était le troisième personnage du royaume.

ni par le sacrement du mariage, ni même par la statue du Commandeur.

Aussi les critiques ne lui sont-elles pas ménagées, même de la part des humbles, comme Pierrot :

« Testiguenne ! parce qu'ous êtes Monsieu, ous viendrez caresser nos femmes à note barbe ? Allez-v's-en caresser les vôtres. » (II, 3)

ou Sganarelle :

« [...] si j'avais un maître comme cela, je lui dirais fort nettement, le regardant en face : « [...] Pensez-vous que pour être de qualité, pour avoir une perruque blonde et bien frisée, des plumes à votre chapeau, un habit bien doré, et des rubans couleur de feu (ce n'est pas à vous que je parle, c'est à l'autre), pensez-vous, dis-je, que vous en soyez plus habile homme, que tout vous soit permis, et qu'on n'ose vous dire vos vérités ? » (I, 2)

Thème repris, dans un style plus noble, par Dom Louis, le père du héros :

« Et qu'avez-vous fait dans le monde pour être gentilhomme ? Croyez-vous qu'il suffise d'en porter le nom et les armes, et que ce nous soit une gloire d'être sorti d'un sang noble lorsque nous vivons en infâmes ? Non, non, la naissance n'est rien où la vertu n'est pas. » (IV, 4)

À côté de cette peinture directe de la noblesse déchue, on peut découvrir, selon Jacques Morel, une **satire biaisée des valeurs nobiliaires.** Car la pièce n'est pas manichéenne, et le héros n'est pas cantonné dans le rôle du méchant face à des interlocuteurs innocents. On sait qu'il ne manque ni d'élégance, ni de brio, ni même de courage, et cette stature, pour le moins ambiguë, lui permet à son tour de dénoncer certaines illusions ou hypocrisies. Ainsi, pour Dom Alonse, le désir de défendre son honneur s'apparente fort à la simple soif de vengeance :

« Lorsque l'honneur est blessé mortellement, on ne doit point songer à garder aucunes mesures [...]. Tous ces discours sont superflus : il faut qu'il meure. » (III, 4)

Quant à Dom Carlos, il semble regretter que la casuistique jésuite[1], que Pascal raille dans sa VIIe *Provinciale*, ne lui permette pas d'accomplir son devoir en toute impunité :

« [...] nous nous voyons obligés, mon frère et moi, à tenir la campagne pour une de ces fâcheuses affaires qui réduisent les gentilshommes à se sacrifier, eux et leur famille, à la sévérité de leur honneur, puisque enfin le plus doux succès en est toujours funeste, et que, si l'on ne quitte pas la vie, on est contraint de quitter le royaume ; et c'est en quoi je trouve la condition d'un gentilhomme malheureuse, de ne pouvoir point s'assurer sur toute la prudence et toute l'honnêteté de sa conduite, d'être asservi par les lois de l'honneur au dérèglement de la conduite d'autrui, et de voir sa vie, son repos et ses biens dépendre de la fantaisie du premier téméraire qui s'avisera de lui faire une de ces injures pour qui un honnête homme doit périr. » (III, 3)

L'HYPOCRISIE RELIGIEUSE

La réalité

Dom Juan jette également un éclairage sur un fait de société que Molière a déjà dénoncé dans *Le Tartuffe*, l'hypocrisie religieuse, ce mal qui ronge la société et l'Église de la Contre-Réforme[2]. En donnant le point de départ de la reconquête des âmes, le concile de Trente (1545-1563) avait involontairement favorisé les manœuvres douteuses de faux directeurs de conscience, qui s'introduisaient dans les familles pour les spolier. Molière avait pris, dans *Le Tartuffe*, le parti courageux d'attaquer de front les faux dévots qui dissimulent leurs intérêts personnels sous le manteau de la religion ; ce faisant, il visait

---

1. À l'origine, la casuistique est la partie de la théologie morale qui traite des cas de conscience ; mais au XVIIe siècle, les jésuites y ont apporté une subtilité complaisante, qui a notamment suscité l'indignation de Port-Royal et de Pascal (*cf. Les Provinciales*).
2. Réforme catholique qui succéda à la réforme protestante pour s'y opposer, et dont les jésuites furent les artisans.

moins la religion proprement dite que les pratiques qui la dénaturent ou qui la salissent, comme il le rappelle dans sa préface :

« Finissons par un mot d'un grand prince [Condé] sur la comédie du *Tartuffe*.

Huit jours après qu'elle eut été défendue, on représenta devant la cour une pièce intitulée *Scaramouche ermite* ; et le roi, en sortant, dit au grand prince que je veux dire : "Je voudrais bien savoir pourquoi les gens qui se scandalisent si fort de la comédie de Molière ne disent mot de celle de Scaramouche" ; à quoi le prince répondit : "La raison de cela c'est que la comédie de Scaramouche joue le Ciel et la religion, dont ces messieurs-là ne se soucient point ; mais celle de Molière les joue eux-mêmes ; c'est ce qu'ils ne peuvent souffrir". »

Cependant une telle attitude, si lucide soit-elle, ne pouvait manquer de jeter le soupçon sur toute l'Église, de créer une confusion générale et de choquer les dévots sincères, d'autant qu'il n'appartenait pas à un laïc, acteur de théâtre de surcroît, de se mêler des questions de la religion. Ses adversaires avaient eu beau jeu de l'accuser d'impiété et de libertinage de pensée, et c'est en vain qu'il avait pris soin, pour se défendre, de préciser qu'il ne visait pas la vraie dévotion dans son Premier Placet présenté au Roi :

« Je l'ai faite, Sire, cette comédie [*Le Tartuffe*], avec tout le soin, comme je crois, et toutes les circonspections que pouvait demander la délicatesse de la matière ; et, pour mieux conserver l'estime et le respect qu'on doit aux vrais dévots, j'en ai distingué le plus que j'ai pu le caractère que j'avais à toucher. »

Avec *Dom Juan*, Molière ne vise plus les faux dévots qui agissent individuellement mais la cabale des dévots, la fameuse Compagnie du Saint-Sacrement de l'Autel, groupe de pression extrêmement dangereux, constituée de membres issus de l'aristocratie et de la bourgeoisie parlementaire. Celle-ci se proposait à la fois des buts charitables et ambitieux, tels que la fondation d'hôpitaux, le secours aux victimes de la guerre, mais aussi l'enfermement des mendiants, la lutte contre les Réformés, les hérétiques, les gens aux mœurs dépravées, le carnaval et les duels. En quelques décennies, elle s'était organisée pour former une société secrète partout présente, depuis la cour jusque dans les familles, pénétrées par des directeurs de conscience, ainsi que dans l'armée et la magistrature. Elle était devenue la cabale des dévots, qui n'hésitait pas, au nom de l'intérêt du Ciel, à dénoncer publiquement les personnes coupables d'adultère, de blasphème et de libertinage[1]. Protégée par Anne d'Autriche, elle avait gêné tour à tour, dans l'exercice du pouvoir, Richelieu, Mazarin et Louis XIV, et c'est assurément pour cette raison que ce dernier avait fini par l'interdire.

La cabale menée par la Compagnie du Saint-Sacrement contre *Le Tartuffe* s'était déchaînée immédiatement avec une extrême violence et, après la première représentation, le parti dévot l'avait fait interdire par le roi. Les démarches de Molière étaient demeurées vaines, et, comme la troupe devait survivre, le dramaturge avait achevé la composition de *Dom Juan* pour remplacer *Le Tartuffe* à l'affiche. Mais la longue tirade prononcée par le héros sur l'hypocrisie (V, 2) fait à nouveau monter la tension : le curé de Saint-Barthélemy, docteur en Sorbonne, traite Molière de « démon vêtu de chair » dans un pamphlet retentissant ; le prince de Conti, ancien protecteur de Molière revenu à la religion, est excédé : « Y a-t-il une école d'athéisme plus ouverte ? [...] L'auteur confie la cause de Dieu à un valet à qui il fait dire, pour la soutenir, toutes les impertinences du monde. » L'abbé d'Aubignac déplore, dans sa *Dissertation sur la condamnation des théâtres*, que « le théâtre se laisse retomber peu à peu à sa vieille corruption », mais il essaie de calmer les esprits en suggérant l'intervention d'une censure susceptible de moraliser la scène. Les dévots ne désarment pas : Pascal se dit convaincu que « de tous les divertissements, le plus dangereux est la comédie » ; Pierre Nicole accuse le théâtre d'être « un empoisonneur public, non des corps, mais des âmes des fidèles ». Conti publie son *Traité de la comédie et des spectacles, selon la tradition de l'Église tirée des conciles et des Saints-Pères*, et

---

1. Voir p. 166-167.

son aumônier, l'abbé de Voisin, rédige ensuite pour sa part une *Défense du Traité de Monseigneur le prince de Conti*. Les curés n'acceptent de donner les sacrements aux comédiens à l'article de la mort qu'après renonciation écrite à leur profession.

Bien qu'ils s'en prennent aux comédiens et à divers dramaturges, dont Pierre Corneille, ces ouvrages visent essentiellement Molière. Alors que des prédicateurs, comme Bourdaloue ou le père Maimbourg, se déchaînent en chaire contre Molière, il est décevant de constater que ceux qui auraient dû s'allier naturellement à lui pour le soutenir : l'abbé d'Aubignac, Corneille, Racine, l'abandonnent à son triste sort.

En fait, la violence des attaques s'explique par le fait que cette affaire réveille la séculaire **querelle de la moralité du théâtre**. Dans cette querelle, phénomène largement européen, s'affrontent l'héritage de la Renaissance, riche du théâtre antique, et la Réforme, hostile au théâtre païen dont, à ses yeux, les comédiens aux mœurs dissolues corrompent la jeunesse. Dans les pays catholiques, une sorte de compromis, fruit de médiations patientes et d'une longue procédure casuiste, apaise les relations entre le monde du théâtre, d'autant qu'il est goûté de la plupart des souverains, et l'Église, qui d'ailleurs est moins hostile au texte dramatique proprement dit qu'à sa représentation scénique : c'est en effet la parodie d'incarnation du Verbe qui, face à la parole en chaire, passe pour démoniaque et qui risque de perdre l'âme du spectateur. Cet équilibre instauré entre l'Église et le théâtre, dû à la moralisation des œuvres dramatiques et à l'évolution des goûts d'un public mondain, est néanmoins bien fragile.

Pour ce qui est du rapport de Molière à la religion, il est vrai qu'aujourd'hui encore, on ne sait pas au juste quelles sont ses idées sur la question, au point que ses biographes en arrivent à s'opposer diamétralement. Possible traducteur du *De natura rerum* de Lucrèce, selon Grimarest, ami de Chapelle, de La Mothe Le Vayer, peut-être élève du philosophe épicurien Gassendi, fréquentant Des Barreaux, lui-même lié à Théophile et athée notoire, on pourrait légitimement penser que Molière est séduit par un certain libertinage d'esprit. Cependant, outre son respect avéré des usages religieux et sociaux, attitude courante chez les comédiens – Molière communie à Pâques en 1672 et ses enfants sont baptisés –, il faut rappeler que le roi, qui ne badine pas avec les choses de la religion, accepte d'être le parrain du premier de ses enfants, Louis, et enfin qu'Armande Béjart adresse, à la mort de son mari, une requête à l'archevêque de Paris, afin que le poète soit enterré chrétiennement : « il a demandé avant que de mourir un prêtre pour être confessé […] et […] il est mort dans le sentiment d'un bon chrétien ».

Ses œuvres ne permettent pas de se faire une idée plus précise, car, lorsqu'il y est question de la religion, il fait en sorte que l'issue du dialogue ou des affrontements demeure ambiguë et que le sens de l'œuvre reste en suspens. On peut tout au plus remarquer qu'en contestant une tradition éducative coercitive (*L'École des femmes*), il se montre du même coup réticent à une pratique religieuse rigoriste teintée d'augustinisme. Cela apparaît notamment dans *Le Tartuffe* : d'une part, notre poète y montre une évidente sympathie pour une forme de religion mondaine et aimable, proche de la morale des honnêtes gens, prônée par Cléante, qui est aussi celle de la jeune cour. D'autre part, il s'en prend sans ambiguïté aux pratiques austères de la religion, en confiant la défense de celles-ci aux personnages ridicules de la pièce, Orgon et Madame Pernelle, maîtresse femme qui adresse ces propos à sa belle-fille, la sage Elmire :

« Ces visites, ces bals, ces conversations,
Sont du malin esprit toutes inventions.
Là, jamais on n'entend de pieuses paroles :
Ce sont propos oisifs, chansons et fariboles » (I, 1, v. 151-154)

La fiction

Dom Juan fait nettement écho aux luttes de Molière. Non seulement quand il désigne explicitement la cabale (V, 2) :

« On lie, à force de grimaces, une société étroite avec tous les gens du parti. Qui en choque un, se les jette tous sur les bras ; et ceux que l'on sait même agir de bonne foi là-dessus, et que chacun connaît pour être véritablement touchés, ceux-là, dis-je, sont toujours les dupes des autres ; ils donnent hautement dans le panneau des grimaciers, et appuient aveuglément les singes de leurs actions. [...] Que si je viens à être découvert, je verrai, sans me remuer, prendre mes intérêts à toute la cabale, et je serai défendu par elle envers et contre tous. [...] Je ferai le vengeur des intérêts du Ciel, et sous ce prétexte commode, je pousserai mes ennemis, je les accuserai d'impiété, et saurai déchaîner contre eux des zélés indiscrets, qui, sans connaissance de cause, crieront en public contre eux, qui les accableront d'injures, et les damneront hautement de leur autorité privée. »

Mais aussi, dans cette même tirade sur l'hypocrisie, derrière le héros, c'est le dramaturge qui s'adresse au public, et l'on remarque d'étranges similitudes entre ce que Molière allègue pour sa propre défense et ce que Dom Juan dit à son valet. Au sujet de l'impunité des hypocrites, Molière écrit dans la préface du *Tartuffe* :

« Si l'emploi de la comédie est de corriger les vices des hommes, je ne vois pas pour quelle raison il y en aura de privilégiés. Celui-ci est, dans l'État, d'une conséquence bien plus dangereuse que tous les autres. »

Dom Juan reprend exactement le même thème, dans la pièce :

« Tous les autres vices des hommes sont exposés à la censure, et chacun a la liberté de les attaquer hautement ; mais l'hypocrisie est un vice privilégié, qui, de sa main, ferme la bouche à tout le monde, et jouit en repos d'une impunité souveraine. » (V, 2)

De même, dans la réalité comme dans la fiction, il est question des honnêtes gens abusés par les hypocrites. Molière écrit ceci :

« Je me soucierais fort peu de tout ce qu'ils peuvent dire, n'était l'artifice qu'ils ont de me faire des ennemis que je respecte, et de jeter dans leur parti de véritables gens de bien, dont ils préviennent la bonne foi. » (Préface du *Tartuffe*)

Argument que Dom Juan reprend à son compte :

« [...] ceux-là, dis-je, sont toujours les dupes des autres ; ils donnent hautement dans le panneau des grimaciers, et appuient aveuglément les singes de leurs actions. » (V, 2)

De plus, Dom Juan évoque explicitement l'existence d'un parti organisé, ce qui n'était pas fait dans *Le Tartuffe*, allusion évidente à la Compagnie du Saint-Sacrement :

« On lie, à force de grimaces, une société étroite avec tous les gens du parti. Qui en choque un, se les jette tous sur les bras. » (V, 2)

Enfin, il n'est pas indifférent que Molière fasse de l'hypocrisie le dernier crime de Dom Juan, comme si c'était là le comble du péché, qui, après tous les autres forfaits, déchaîne les foudres du Ciel ; façon habile de greffer ce thème d'actualité qui lui tient à cœur sur le vieux mythe occidental.

De ce long conflit entre les forces naturellement conservatrices de la société et la lucidité d'un homme de théâtre, on ne saurait dire qui sort vainqueur. Certes, *Le Tartuffe*, interdit pendant cinq ans, sera finalement représenté. Molière semble donc avoir gagné, mais ces cinq ans de lutte l'ont épuisé : sa santé s'est détériorée au point que la maladie l'a arrêté à deux reprises, et il a connu de sérieuses difficultés conjugales. On trouve dans *Le Misanthrope* l'écho de son amertume, et l'on remarque qu'après ce tournant de sa carrière, le moraliste politique qui montrait les plaies d'une société a fait place au moraliste tout court. Dire, comme il le fera plus explicitement dans les pièces ultérieures, que l'homme, dominé par l'amour-propre, est un être vaniteux, égoïste et obstiné est, somme toute, moins dangereux pour les factions sociales qu'il menaçait.

La mise en scène de la parole

Dom Juan est une œuvre singulière dans ses formes, notamment en ce qui concerne le statut de la parole, en raison de la nature de son héros et de la particularité du genre dramatique des pièces à machines.

LA PAROLE DE DOM JUAN

La maîtrise

L'un des charmes du héros tient à la maîtrise et à l'aisance de son verbe. Il jouit d'une rhétorique* parfaitement persuasive et sait trouver les rythmes incantatoires qui séduisent son interlocuteur. Parfois, ces effets sont fortement marqués par une structure syntaxique ternaire, volontiers sous-tendue par un système clos de coordination, selon le schéma *que... que... et que...* :

« Quoi ? tu veux
      qu'on se lie à demeurer au premier objet qui nous prend,
      qu'on renonce au monde pour lui,
      et qu'on n'ait plus d'yeux pour personne ?
La belle chose
      de vouloir se piquer d'un faux honneur d'être fidèle,
      de s'ensevelir pour toujours dans une passion,
      et d'être mort dès sa jeunesse à toutes les autres beautés
            qui nous peuvent frapper les yeux ! » (I, 2)

D'autres fois, l'effet de rythme, plus discret et plus modulé, n'apparaît que si l'on modifie la typographie du texte, car il tient à la longueur sensiblement égale des segments :

« C'est un art de qui l'imposture est toujours respectée ;

et quoiqu'on la découvre, on n'ose rien dire contre elle.
Tous les autres vices des hommes sont exposés à la censure,
et chacun a la liberté de les attaquer hautement ;
mais l'hypocrisie est un vice privilégié,
qui, de sa main, ferme la bouche à tout le monde,
et jouit en repos d'une impunité souveraine. » (V, 2)

ou encore :

Les inclinations naissantes, après tout,
ont des charmes inexplicables,
et tout le plaisir de l'amour est dans le changement.
On goûte une douceur extrême à réduire,
par cent hommages, le cœur d'une jeune beauté,
à voir de jour en jour les petits progrès qu'on y fait,
à combattre par des transports, par des larmes et des soupirs,
l'innocente pudeur d'une âme qui a peine à rendre les armes,
à forcer pied à pied toutes les petites résistances qu'elle nous
[oppose,
à vaincre les scrupules dont elle se fait un honneur
et la mener doucement où nous avons envie de la faire venir. » (I, 2)

À l'opposé, la parole devient une arme terrible, quand Dom Juan a pour but de dominer l'autre ou de le blesser. Ainsi, le héros, qui se réjouit à l'idée de se divertir aux dépens du Pauvre, retarde avec délectation le moment de lui poser la question sacrilège, en exerçant son ironie :

« – Il ne se peut donc pas que tu ne sois bien à ton aise ?

– Tu te moques : un homme qui prie le Ciel tout le jour ne peut pas manquer d'être bien dans ses affaires.

– Voilà qui est étrange, et tu es bien mal reconnu de tes soins. »

Puis, quand il décide de le tenter, ses répliques vont se faire de plus en plus pressantes :

« – Ah ! ah ! je m'en vais te donner un louis d'or tout à l'heure, pourvu que tu veuilles jurer.

– Tu n'as qu'à voir si tu veux gagner un louis d'or ou non. En voici un que je te donne, si tu jures ; tiens, il faut jurer.

– Prends, le voilà ; prends, te dis-je ; mais jure donc. » (III, 2)

On le voit, la pression exercée par Dom Juan augmente progressivement : au début, le héros emploie des tours conditionnels (« pourvu que… »), puis plus sèchement (« si tu jures ») ; le caractère hypothétique disparaît ensuite au profit d'une forme explicitement contraignante (« il faut jurer »). Enfin, c'est l'injonction directe à l'impératif (« jure donc »). Molière, sensible au moindre effet verbal, ne laisse rien au hasard, et la formulation la plus simple concourt ici à une dynamique d'ensemble ; on éprouve le sentiment, dans des cas comme celui-là, que le dialogue appelle et porte le geste de l'acteur.

De même, lorsque Done Elvire attend une explication vitale pour elle (I, 3), il met un malin plaisir à lui laisser espérer une réponse satisfaisante :

« Je vous avoue, Madame, que je n'ai point le talent de dissimuler, et que je porte un cœur sincère. »

Puis il évoque des scrupules religieux de manière à rendre son double jeu évident :

« […] je ne suis parti que pour vous fuir ; non point par les raisons que vous pouvez vous figurer, mais par un pur motif de conscience, et pour ne croire pas qu'avec vous davantage je puisse vivre sans péché. […] J'ai cru que notre mariage n'était qu'un adultère déguisé, qu'il nous attirerait quelque disgrâce d'en haut, et qu'enfin je devais tâcher de vous oublier, et vous donner moyen de retourner à vos premières chaînes. »

En un mot il prend plaisir à créer consciemment un espoir chez Done Elvire pour mieux le décevoir ensuite. Il a aussi l'insolence d'attendre posément que son père ait achevé sa longue tirade passionnée, afin de mieux réduire son propos à néant : « Monsieur, si vous étiez assis, vous en seriez mieux pour parler. » (IV, 4)

Cependant, la maîtrise de cette parole trouve ses limites dans le cours de la pièce. Tantôt elle est bien moins glorieuse quand elle permet au héros de se tirer d'une situation qui le gêne ou l'agace, car elle n'est alors qu'un moyen de fuir et d'esquiver le réel, par une simple dénégation. Ainsi, après avoir vu la statue du Commandeur faire un signe de tête, le héros « balaie » l'incident d'un mot :

« Quoi qu'il en soit, laissons cela : c'est une bagatelle, et nous pouvons avoir été trompés par un faux jour, ou surpris de quelque vapeur qui nous ait troublé la vue. » (IV, 1)

Tantôt la parole demeure impuissante et le verbe ne suffit pas à convaincre les autres, quand ils sont armés d'un solide bon sens ou fermes dans leur foi. Le simple Sganarelle sent bien, même s'il n'est pas à la hauteur pour discuter avec son maître, qu'il est trompé par les mots et qu'il doit résister à la chose :

« Ma foi ! j'ai à dire…, je ne sais ; car vous tournez les choses d'une manière, qu'il semble que vous avez raison ; et cependant il est vrai que vous ne l'avez pas. » (I, 2)

Il en va de même avec le Pauvre, que Dom Juan, malgré ses arguments spécieux, ne parvient pas à faire blasphémer (« Non, Monsieur, j'aime mieux mourir de faim. » III, 2), et avec Done Elvire, quand le héros éprouve à nouveau du désir pour elle et lui demande en vain de rester (« Non, Dom Juan, ne me retenez pas davantage. » IV, 6).

Ce verbe trompeur de Dom Juan trouve aussi sa limite dans sa profusion même, quand Molière lui oppose métaphoriquement le silence puis le laconisme de la statue, qui coupe court brutalement au propos du libertin :

DOM JUAN. « Bois, et chante ta chanson, pour régaler le Commandeur.

SGANARELLE. Je suis enrhumé, Monsieur.

DOM JUAN. Il n'importe. Allons. Vous autres, venez, accompagnez sa voix.

LA STATUE. Dom Juan, c'est assez. Je vous invite à venir demain souper avec moi. En aurez-vous le courage ? » (IV, 8)

La mise en scène de la parole

Le héros de Molière se conduit le plus souvent comme un acteur en perpétuelle représentation, qui aurait le souci du spectacle qu'il offre.

Tout d'abord, Dom Juan est extrêmement sensible à son image ; en témoigne le fait qu'il prend soin de marquer sa détermination aux yeux des autres : « Allons voir, et *montrons* que rien ne me saurait ébranler » (IV, 7). De même, il s'écrie, après l'apparition du spectre : « Non, non, *il ne sera pas dit,* quoi qu'il arrive, que je sois capable de me repentir » (V, 5).

Cet acteur a donc besoin d'un public, comme s'il était important que quelqu'un pût témoigner de son courage et de sa fermeté : « Je veux bien, Sganarelle, t'en faire confidence, et je suis bien aise d'avoir un témoin du fond de mon âme et des véritables motifs qui m'obligent à faire les choses » (V, 2). Cela est si vrai que son public lui rend parfois hommage après une prestation éblouissante : « Vertu de ma vie, comme vous débitez ! Il semble que vous ayez appris cela par cœur, et vous parlez tout comme un livre » (I, 2).

En outre, Dom Juan a le goût des renversements de situation, voire des coups de théâtre : il attend volontiers que son interlocuteur ait achevé de parler, avant de retourner la situation au moyen d'une réplique cinglante, comme nous l'avons vu plus haut (I, 3 et IV, 4). Il aime aussi prendre ses proches, ou même le public, à contre-pied, comme au début du dernier acte, quand il paraît en pécheur repenti devant son père, et que Sganarelle lui-même « tombe dans le panneau » (V, 2).

Enfin, en acteur complet, il excelle dans les « rôles de composition ». Avec M. Dimanche, il s'amuse à jouer les hôtes débordant d'amabilité et de familiarité (IV, 3), alors que son attitude est naturellement distante, sinon cassante. Avec Dom Carlos, il choisit même le « contre-emploi » du dévot doucereux, lui qui se montre courageux et plein de panache quand il le veut (V, 3). Notons cependant que, dans ce genre de rôle, Dom Juan a plaisir à « en faire trop », comme un mauvais acteur, pour que l'interlocuteur ait bien conscience qu'il se moque de lui (voir son jeu avec Done Elvire, I, 3).

LA PAROLE DE SGANARELLE

Devant tant d'éloquence, le pauvre Sganarelle est en admiration, mais bien incapable de se montrer à la hauteur :

« J'avais les plus belles pensées du monde, et vos discours m'ont brouillé tout cela. Laissez faire : une autre fois je mettrai mes raisonnements par écrit, pour disputer avec vous. » (I, 2)

« Oh ! dame, interrompez-moi donc, si vous voulez. Je ne saurais disputer, si l'on ne m'interrompt. Vous vous taisez exprès et me laissez parler par belle malice. » (III, 1)

Quand il se sent tenu de défendre la religion, il commence maladroitement par se discréditer lui-même :

« Pour moi, Monsieur, je n'ai point étudié comme vous, Dieu merci, et personne ne saurait se vanter de m'avoir jamais rien appris ; mais, avec mon petit sens, mon petit jugement, je vois les choses mieux que tous les livres. » (III, 1)

Après quoi, il recourt à l'argument très orthodoxe des causes finales, mais il le présente de façon pour le moins personnelle :

« [...] je comprends fort bien que ce monde que nous voyons n'est pas un champignon qui soit venu tout seul en une nuit. Je voudrais bien vous demander qui a fait ces arbres-là, ces rochers, cette terre, et ce ciel que voilà là-haut, et si tout cela s'est bâti de lui-même. Vous voilà, vous, par exemple, vous êtes là : est-ce que vous vous êtes fait tout seul, et n'a-t-il pas fallu que votre père ait engrossé votre mère pour vous faire ? Pouvez-vous voir toutes les inventions dont la machine de l'homme est composée sans admirer de quelle façon cela est agencé l'un dans l'autre ? ces nerfs, ces os, ces veines, ces artères, ces…, ce poumon, ce cœur, ce foie, et tous ces autres ingrédients qui sont là et qui… » (III, 1)

Et lorsque l'indignation le pousse à contredire son maître pour l'avertir de l'imminence de sa damnation, son discours se transforme en une sorte de coq-à-l'âne du plus haut comique :

« Monsieur, cette dernière-ci m'emporte et je ne puis m'empêcher de parler. Faites-moi tout ce qu'il vous plaira, battez-moi, assommez-moi de coups, tuez-moi, si vous voulez : il faut que je décharge mon cœur, et qu'en valet fidèle je vous dise ce que je dois. Sachez, Monsieur, que tant va la cruche à l'eau, qu'enfin elle se brise ; et comme dit fort bien cet auteur que je ne connais pas, l'homme est en ce monde ainsi que l'oiseau sur la branche ; la branche est attachée à l'arbre ; qui s'attache à l'arbre, suit de bons préceptes ; les bons préceptes valent mieux que les belles paroles ; les belles paroles se trouvent à la cour ; à la cour sont les courtisans ; les courtisans suivent la mode ; la mode vient de la fantaisie ; la fantaisie est une faculté de l'âme ; l'âme est ce qui nous donne la vie ; la vie finit par la mort ; la mort nous fait penser au Ciel ; le ciel est au-dessus de la terre ; la terre n'est point la mer ; la mer est sujette aux orages ; les orages tourmentent les vaisseaux ; les vaisseaux ont besoin d'un bon pilote ; un bon pilote a de la prudence ; la prudence n'est point dans les jeunes gens ; les jeunes gens doivent obéissance aux vieux ; les vieux aiment les richesses ; les richesses font les riches ; les riches ne sont pas pauvres ; les pauvres ont de la nécessité ; nécessité n'a point de loi ; qui n'a point de loi vit en bête brute ; et, par conséquent, vous serez damné à tous les diables. » (V, 2)

On comprend fort bien, à la lumière de ces répliques, que des chrétiens sincères aient pu être choqués, et que le prince de Conti ait accusé Molière de se moquer de la religion : « Y a-t-il une école d'athéisme plus ouverte ? […] L'auteur confie la cause de Dieu à un valet à qui il fait dire, pour la soutenir, toutes les impertinences du monde. »

LA PAROLE DE MOLIÈRE

Par-delà son héros qui se livre à une véritable mise en scène de la parole, Molière joue également de la parole de manière singulière, au point de rendre le sens de la pièce ambigu.

La diversité

Le dramaturge obtient d'abord un effet spectaculaire de variété des styles : on trouve dans la pièce des échos issus de genres dramatiques très différents. À l'acte II, le décor, les personnages choisis (paysans) et la thématique (amour et jalousie amoureuse), tout évoque le climat des pastorales, même si le patois paysan jure quelque peu avec l'atmosphère bucolique du genre. Avec l'entrée des frères de Done Elvire, et de Dom Louis, l'atmosphère change et le registre s'apparente à celui de la tragi-comédie : le ton des propos est plus relevé, le discours plus imagé et la thématique a trait aux questions de l'honneur et du devoir, selon la tradition du genre. Ailleurs se trouvent de nombreux passages de pure comédie, dont le ton est enjoué : pensons à l'éloge paradoxal du tabac que fait Sganarelle (I, 1) ou à ses exploits de médecin (III, 1). Bien plus, Molière n'hésite pas à faire des incursions dans le registre de la farce, au sein d'une pièce pourtant grave : en témoignent le soufflet de Dom Juan, destiné à Pierrot, mais qui arrive sur la figure du malheureux Sganarelle (II, 3), la chute du valet au terme de sa « brillante » tirade (III, 1), ou encore son galimatias indigné quand il découvre l'hypocrisie de son maître (V, 2). Enfin, on peut penser que le Ve acte, qui s'achève sur une mort d'homme, tient de la tragédie religieuse.

À cette variété des genres correspond une variété des tons dont Molière joue en virtuose. Le style héroïque de la tirade de Dom Louis contient des métaphores relevées et des sentences (« la naissance n'est rien où la vertu n'est pas »), qui la font « sonner » comme du Corneille. Le ton galant apparaît dès qu'il s'agit pour le héros de conquérir une femme, fût-elle une simple paysanne : « Vous méritez sans doute une meilleure fortune, et le Ciel, qui le connaît bien, m'a conduit ici tout exprès pour empêcher ce mariage, et rendre justice à vos charmes ; car enfin, belle Charlotte, je vous aime de tout mon cœur, et il ne tiendra qu'à vous que je vous arrache de ce misérable lieu, et ne vous mette dans l'état où vous méritez d'être » (II, 2). Quant au style comique, il est partout où Sganarelle intervient ; et il s'institue à certains moments des échanges comiques dignes des dialogues facétieux de Tabarin, le célèbre farceur, comme l'a montré Patrick Dandrey[1] :

SGANARELLE. « Vous avez l'âme bien mécréante. Cependant vous voyez, depuis un temps, que le vin émétique fait bruire ses fuseaux. Ses miracles ont converti les plus incrédules esprits, et il n'y a pas trois semaines que j'en ai vu, moi qui vous parle, un effet merveilleux.

DOM JUAN. Et quel ?

SGANARELLE. Il y avait un homme qui, depuis six jours, était à l'agonie ; on ne savait plus que lui ordonner, et tous les remèdes ne faisaient rien ; on s'avisa à la fin de lui donner de l'émétique.

DOM JUAN. Il réchappa, n'est-ce pas ?

SGANARELLE. Non, il mourut.

DOM JUAN. L'effet est admirable.

SGANARELLE. Comment ? il y avait six jours entiers qu'il ne pouvait mourir, et cela le fit mourir tout d'un coup. Voulez-vous rien de plus efficace ? » (III, 1)

Mais, plus encore que la variété des tons, c'est l'emploi que Molière en fait qui est remarquable, car il joue fréquemment des effets de contraste. Soit qu'un échange comique parasitaire se greffe dans un contexte pathétique, comme lorsque Dom Juan face à Done Elvire fait répondre Sganarelle, et que le valet ne peut dire que ces mots : « Madame, les conquérants, Alexandre et les autres mondes sont causes de notre départ » (I, 3) ; soit que le dramaturge ménage une succession de scènes de tons très différents, sinon opposés, effet dont l'acte IV offre un excellent exemple : après la scène de farce de M. Dimanche, que Dom Juan vient de

---

1. *Molière ou l'esthétique du ridicule,* Paris, Klincksieck, 1992, p. 178 et suiv.

berner de façon spectaculaire (sc. 3), Molière ménage l'entrée de Dom Louis, outré des déportements de son fils (sc. 4), puis de Done Elvire, qui vient adjurer le héros de s'amender, dans un discours pathétique plein de charité chrétienne (sc. 6) ; alors survient de façon inattendue une scène de farce, durant laquelle se manifeste la goinfrerie de Sganarelle, au point que Dom Juan se propose de lui percer cette « fluxion » au moyen d'une « lancette » (sc. 7) ; enfin, le ton change brutalement à nouveau, avec l'arrivée de la statue (sc. 8).

Cette variété des effets est d'ailleurs favorisée par le genre des pièces à machines, dont « la vocation […] est de fondre des composants hétérogènes », comme le remarque Christian Delmas[1], car il est lui-même issu « à la fois de la pastorale à tendance spectaculaire par ses prologues et ses dénouements *ex machina*, de la tragi-comédie romanesque aussi bien que de la tragédie… ». Cependant, cette disparate n'est pas gratuite ; elle revêt, sous la plume de Molière, une signification métaphorique, car elle traduit la disponibilité d'un héros qui vit dans l'instant et se montre prêt à défier tout ce qui, selon les caprices de la fortune, se présente devant lui[2].

En conférant au genre comique une telle plasticité dans les tons, Molière innove : il élargit ainsi le domaine de la comédie en annexant des registres qui lui étaient jusque-là étrangers. Mais il le fait avec beaucoup de doigté, sans s'attarder sur un échange pathétique qui pourrait faire verser l'œuvre dans le drame, tel que le concevra le XVIIIᵉ siècle.

L'ambiguïté

Enfin, Molière met en scène la parole de telle manière que le contexte semble fréquemment vider le propos de son contenu et

---

1. *Mythologie et mythe dans le théâtre français (1650-1676)*, Genève, Droz, 1985, p.131.
2. Disponibilité que traduit également, selon nous, la succession discontinue de scènes sans rapport les unes avec les autres, notamment à l'acte III.

priver le spectateur de ses repères habituels, de sorte que toute vérité relative à la pièce appelle un *mais* qui la contrebalance.

Ainsi, le dramaturge se défend de saper les fondements de la religion, mais le défenseur qu'il propose en la personne de Sganarelle est proprement ridicule : le valet recourt, certes, à l'argument orthodoxe des causes finales pour prouver l'existence de Dieu, mais sa parole est privée de toute portée et de toute gravité par le fait qu'il tombe comme un pantin désarticulé (« Bon ! voilà ton raisonnement qui a le nez cassé » III, 1). De même, Molière oppose aux déportements du héros dévoyé des nobles plus dignes, mais les valeurs nobiliaires qu'ils prônent sont parfois douteuses (voir p. 140). Dom Juan est assurément un « méchant homme », mais les critiques qu'il adresse à la société sur l'hypocrisie religieuse (V, 2) ou la vanité des modes sociales (critique de la statue du Commandeur en empereur romain, III, 5) sont parfaitement fondées. D'ailleurs, les divers éloges paradoxaux (voir p. 37) du tabac, de l'inconstance amoureuse ou de la médecine ne contribuent-ils pas à cette mise en scène quelque peu ironique de la parole ?

Le spectateur ne se trouve donc pas devant une pièce au sens relativement clair et univoque, comme *L'École des femmes* ou *Le Tartuffe*, mais devant une œuvre au sens suspendu, dans laquelle la présentation dialectique des thèmes pousse le lecteur à se demander qui a raison, et à construire lui-même sa vérité à la lumière de la dynamique théâtrale. La meilleure preuve en est que, à la différence des autres comédies, *Dom Juan* ne comporte pas de personnage de raisonneur[1], homme de bon sens chargé de rappeler un héros obsédé à plus de mesure, et parfois à indiquer le moyen terme des conventions.

---

1. Cet emploi, propre à la dramaturgie moliéresque dont il constitue un élément important, se retrouve de façon presque systématique dans les comédies comme le montre, entre autres, la présence de Cléante dans *Le Tartuffe*, de Philinte dans *Le Misanthrope*, ou de Béralde dans *Le Malade imaginaire*. Il désigne un personnage de second plan, placé en face d'un héros obsédé, et chargé d'éclairer avec bon sens et mesure l'incongruité d'une situation ou le ridicule d'un comportement : il donne ainsi la mesure de la difformité et des extravagances du héros.

LA STRUCTURE DE *DOM JUAN*

Acte	Scène	Lieux	Personnages	Sujet
I	1	Un palais ouvert aux promeneurs, au travers duquel on voit un jardin.	Sganarelle, Gusman.	Sganarelle présente Dom Juan à Gusman, serviteur de Done Elvire, que le héros a épousée et quittée.
	2		Dom Juan, Sganarelle.	Dom Juan prône les plaisirs de l'inconstance amoureuse ; il a décidé d'enlever une jeune fiancée.
	3		Done Elvire, Dom Juan, Sganarelle.	Il traite avec désinvolture et sadisme Done Elvire, qui le menace de la vengeance céleste.
II	1	Un hameau de verdure avec une grotte au travers de laquelle on voit la mer.	Charlotte, Pierrot.	Un paysan, Pierrot, raconte à sa promise comment avec une grotte au travers il a sauvé des eaux.
	2		Dom Juan, Sganarelle, Charlotte.	Dom Juan aperçoit Charlotte, et lui fait aussitôt la cour, en présence de Sganarelle.
	3		Dom Juan, Sganarelle, Pierrot, Charlotte.	Pierrot est mal reçu de Charlotte et malmené par le héros qu'il a sauvé.
	4		Dom Juan, Sganarelle, Charlotte, Mathurine.	Mathurine paraît, et le grand seigneur fait simultanément la cour aux deux paysannes.
	5		Dom Juan, La Ramée, Charlotte, Mathurine, Sganarelle.	Douze hommes recherchent Dom Juan, qui s'enfuit en échangeant ses vêtements avec Sganarelle.

Acte	Scène	Lieux	Personnages	Sujet
III	1	Une forêt où l'on voit, à l'arrière-plan, le mausolée du Commandeur.	Dom Juan, Sganarelle.	Sganarelle et Dom Juan discutent de leurs croyances, et le valet reproche son impiété à son maître.
	2		Dom Juan, Sganarelle, un Pauvre.	Ils rencontrent un pauvre que le libertin entreprend en vain de faire blasphémer.
	3		Dom Juan, Dom Carlos, Sganarelle.	Dom Juan secourt un inconnu attaqué par des voleurs. C'est l'un des frères d'Elvire qui n'a jamais vu Dom Juan.
	4		Dom Alonse, et trois suivants, Dom Carlos, Dom Juan, Sganarelle.	Son frère, Dom Alonse, paraît, reconnaît Dom Juan et veut le tuer, mais Dom Carlos s'y oppose au nom de l'honneur.
	5	Devant le mausolée du Commandeur, puis à l'intérieur de celui-ci.	Dom Juan, Sganarelle.	Dom Juan aperçoit le tombeau d'un Commandeur qu'il a tué autrefois ; il invite par bravade la statue à dîner, qui accepte d'un mouvement de la tête.
IV	1	Dans la demeure de Dom Juan.	Dom Juan, Sganarelle.	Dom Juan refuse de croire au prodige et interdit à Sganarelle d'en reparler.
	2		Dom Juan, La Violette, Sganarelle.	La Violette annonce la visite d'un créancier, que Dom Juan se propose de berner.
	3		Dom Juan, Monsieur Dimanche, Sganarelle, suite.	Dom Juan se joue de Monsieur Dimanche, qu'il éconduit habilement. Sganarelle, lui-même débiteur, singe son maître.
	4		Dom Louis, Dom Juan, La Violette, Sganarelle.	Entre le vieux Dom Louis, père du héros, mais celui-ci raille insolemment son propos moralisateur.

Acte	Scène	Lieux	Personnages	Sujet
IV (suite)	5		Dom Juan, Sganarelle.	Dom Juan souhaite la mort de son père et, par lâcheté, Sganarelle approuve son irritation.
	6		Dom Juan, Done Elvire, Ragotin, Sganarelle.	Done Elvire, métamorphosée et revenue vers Dieu, implore Dom Juan de sauver son âme.
	7		Dom Juan, Sganarelle, suite.	Dom Juan a éprouvé du désir en revoyant Done Elvire. Jeu de scène farcesque autour du repas de Sganarelle.
	8		Dom Juan, la Statue du Commandeur, Sganarelle, suite.	Dom Juan va dîner quand la statue du Commandeur survient et l'invite à son tour : le héros accepte par défi.
V	1	L'extérieur d'une ville, proche de la forêt où se trouve le mausolée du Commandeur.	Dom Louis, Dom Juan, Sganarelle.	Dom Juan joue la comédie de la conversion et feint le repentir devant son père.
	2		Dom Juan, Sganarelle.	Le héros baisse le masque et fait l'apologie de l'hypocrisie religieuse devant un Sganarelle scandalisé.
	3		Dom Carlos, Dom Juan, Sganarelle.	Dom Carlos vient réclamer réparation, mais le héros refuse, au nom du Ciel, de lui donner satisfaction.
	4		Dom Juan, Sganarelle.	Sganarelle met vainement son maître en garde.
	5		Dom Juan, un spectre en femme voilée, Sganarelle.	Dom Juan néglige un dernier avertissement du Ciel sous la forme d'un spectre.
	6		La Statue, Dom Juan, Sganarelle.	La statue tend la main au héros qui est foudroyé et entraîné aux enfers. Sganarelle se lamente sur ses gages impayés.

LES THÈMES

ATHÉISME

L'athéisme consistant en la négation de l'existence de Dieu, on doit s'interroger sur l'attitude du héros : un athée passerait-il son temps à provoquer le Ciel ? « Si Dom Juan était un athée véritable, il n'y aurait pas de drame. Mais il parle à Celui qu'il nie, et il ne le nie que pour mieux le braver. » (F. Mauriac) De sorte qu'on devrait parler plutôt d'impiété, car l'impie ne nie pas nécessairement Dieu, il ne fait que rejeter la religion et la règle. Cela expliquerait mieux le comportement du héros à l'égard du pauvre qu'il veut amener à blasphémer, c'est-à-dire, au sens étymologique, à prononcer une parole impie. L'attitude de Dom Juan est ici proprement satanique, puisqu'il veut faire le mal en toute conscience.

Depuis Saint Louis (1214-1270), jurer le nom de Dieu est réprimé par la loi et des peines sévères sont prévues, mais irrégulièrement appliquées ; elles peuvent aller, en cas de récidive, jusqu'à la mutilation (pilori, lèvres coupées, langue arrachée, galères, bûcher). (*Cf. Les Pensées* de Pascal, *Les Caractères* de La Bruyère.)

CENSURE

Il existe au XVIIᵉ siècle un organisme de censure institutionnalisé, et l'auteur qui désire obtenir un privilège, en vue de l'impression d'une œuvre, doit la déposer auprès du chancelier Le Tellier. Les passages jugés choquants sont cartonnés, c'est-à-dire que les passages à retrancher sont masqués par un carton, mais l'administration conserve un exemplaire original ; nous possédons, grâce à cela, l'exemplaire non cartonné de *Dom Juan* du lieutenant de police La Reynie, présenté par La Grange et Vivot pour l'édition de 1682. Connaissant ainsi les passages cartonnés, nous pouvons suivre ligne à ligne le travail des censeurs, qui tantôt suppriment une scène entière, comme celle du Pauvre, tantôt édulcorent des propos dangereux, comme les déclarations impies de Dom Juan, tantôt enfin se bornent à réprouver l'emploi d'un mot, remplaçant *Dieu* par *Ciel*, ou *mariage* par *mystère*.

Par ailleurs, il n'est pas rare que la censure soit exercée par le roi. Celui-ci interdit ainsi la représentation du *Tartuffe* sous la pression de la Compagnie du Saint-Sacrement, à la demande de l'archevêque de Paris. Enfin, on peut penser qu'à cela s'ajoute une forme d'autocensure des auteurs : Molière a-t-il pris l'initiative de retirer *Dom Juan* après la relâche de Pâques pour calmer les choses dans l'affaire du *Tartuffe*, malgré son succès, ou a-t-on fait officieusement pression sur lui ?

La censure s'exerce fort longtemps pour certaines œuvres jugées dangereuses. *Dom Juan* ne sera repris qu'en 1677, dans une version expurgée et versifiée de Thomas Corneille, et imprimé seulement en 1683.

CYNISME

Dom Juan, loin de se montrer indifférent et désinvolte, est sans cesse poussé par le besoin de provoquer, de défier, jusqu'au point de risquer sa vie. Son cynisme revêt plusieurs formes : tantôt il profère sans ménagement une opinion choquante, qui bouscule la morale commune et les conventions sociales : c'est ainsi qu'il parle du « faux honneur d'être fidèle » (I, 2), ou qu'il considère son mariage comme un « adultère déguisé » (I, 3). Tantôt ses actes ne sont motivés que par la volonté de défier : il épouse Done Elvire en grande partie pour la « dérober à la clôture d'un convent », c'est-à-dire pour l'enlever à Dieu ; et il ne discute avec le Pauvre que pour lui faire comprendre que le Ciel se désintéresse de son sort. Tantôt il fait montre d'un réel courage qui ressemble à une bravade : non seulement il ne tremble pas devant le prodige de la statue qui fait un signe de la tête, mais il l'invite à souper, et enfin il accepte à son tour son invitation (III, 5 et IV, 8). Cette forme de cynisme n'est pas celle des philosophes antiques ; elle fait plutôt penser au comportement de quelques jeunes courtisans des années 1660, volontiers athées, désinvoltes et sceptiques, qui ne paient pas leurs dettes mais qui sont toujours prêts à tirer l'épée pour montrer leur courage.

HONNEUR

L'honneur est un principe moral qui régit la conduite des nobles principalement, mais aussi des roturiers, comme le montre l'allusion de la paysanne, Charlotte : « Je suis une pauvre paysanne ; mais j'ai l'honneur en recommandation[1], et j'aimerais mieux me voir morte, que de me voir déshonorée » (II, 2). Pour les nobles, il est le souci majeur : Dom Louis rappelle à son fils les devoirs de l'honneur (« la naissance n'est rien où la vertu n'est pas » IV, 4) ; et, bien qu'il se réfère au vieil honneur féodal, il ne manque pas de faire appel à la conscience individuelle de son fils, ce qui relève d'une valeur plus bourgeoise. Tour à tour, Dom Juan observe les règles de l'honneur, quand il porte secours à Dom Carlos, ou les bafoue, dans son goût du libertinage et son recours à l'hypocrisie.

La préservation de l'honneur, à laquelle les nobles sont très attentifs, entraîne des duels, car on ne répare une offense qu'en versant le sang. Cette pratique immémoriale, qui permettait parfois le recours à des champions pour défendre une cause (*cf.* *L'Astrée*, ou *Le Cid*), se heurte au XVIIᵉ siècle aux interdits de l'Église (concile de Trente, 1563) et aux campagnes menées par la Compagnie du Saint-Sacrement. Elle se heurte également aux lois du royaume, car la noblesse se détruit et le roi perd ses serviteurs ; le pouvoir se montre ferme sur la question, et Richelieu n'hésite pas à faire exécuter en 1627 un gentilhomme, François de Montmorency-Bouteville, qui l'avait bravé en se battant en duel en plein midi. La pièce fait explicitement allusion au dilemme que connaissent les nobles : faut-il obéir au roi ou au point d'honneur ? « [...] si l'on ne quitte pas la vie, on est contraint de quitter le royaume » (III, 3). À quoi s'ajoute, pour

---

1. Mon honneur m'est très cher.

Dom Carlos, un second dilemme, au sein même du code de l'honneur : doit-il tuer le séducteur ou épargner son sauveur ? La pièce évoque aussi la façon dont les gens peu scrupuleux évitent ces dilemmes ; Dom Juan, devenu hypocrite (V, 3), a recours à la casuistique jésuite dont parle Pascal dans la VIIᵉ *Provinciale* : « Si un gentilhomme […] est appelé en duel, […] il peut, pour conserver son honneur, se trouver au lieu assigné, non pas véritablement avec l'intention expresse de se battre en duel, mais seulement avec celle de se défendre, si celui qui l'a appelé l'y vient attaquer injustement Et son action sera toute indifférente d'elle-même. » (Sur le thème de l'honneur, *cf. L'Astrée*, *Le Cid*.)

HYPOCRISIE

Dom Juan présente une parenté avec Tartuffe, et, par le biais de cette satire, Molière poursuit son combat contre la cabale des dévots. Le héros se montre hypocrite à différentes reprises, sur le plan moral et religieux ; c'est d'abord avec Done Elvire qu'il feint d'avoir des scrupules afin de l'abandonner (I, 3), puis avec son père qu'il trompe en simulant une conversion (V, 1), et enfin avec Dom Carlos : « Hélas ! je voudrais bien, de tout mon cœur, vous donner la satisfaction que vous souhaitez ; mais le Ciel s'y oppose directement : il a inspiré à mon âme le dessein de changer de vie […] » (V, 3). La pseudo-conversion de l'acte V constitue un coup de théâtre, mais elle est néanmoins crédible, ne serait-ce qu'en raison des avertissements que Sganarelle et la Statue du Commandeur ont adressés au héros. En outre, ce type de conversion est relativement fréquent dans l'atmosphère de spiritualité du XVIIᵉ siècle, comme le montrent les exemples célèbres de Conti, ou de La Fontaine, à soixante-douze ans.

La question se pose néanmoins de savoir si Dom Juan *est* ou s'il *joue* l'hypocrite, comme il joue l'amoureux. Remarquant qu'il est déjà hypocrite dès le début de la pièce avec Done Elvire, Henri Gouhier écrit : « L'hypocrisie est un trait constitutionnel du donjuanisme dans la pièce de Molière […]. Il est normal qu'allant jusqu'au bout de lui-même le Trompeur devienne l'imposteur si les circonstances le font vivre dans une société où l'hypocrisie religieuse est une assurance tous risques. »

(*Cf. Le Tartuffe*, *Les Caractères* de La Bruyère, chap. « De la Mode », et *Les Liaisons dangereuses* de Choderlos de Laclos.)

LIBERTINAGE

Le libertinage se présente sous deux formes distinctes au XVIIᵉ siècle, mais elles sont souvent confondues par les dévots. Il peut n'avoir trait qu'aux mœurs de celui qui s'adonne aux plaisirs : Dom Juan est ainsi décrit par Sganarelle comme un « épouseur à toutes mains » qui « ne trouve rien de trop chaud ni de trop froid pour lui » (I, 1). Son seul plaisir le guide et il n'hésite pas à arracher Done Elvire à la clôture d'un couvent, à entreprendre le rapt d'une jeune fiancée, ou encore à profiter de la naïveté d'une simple paysanne. La possession le lasse, seuls le défi et la conquête le séduisent ; c'est pourquoi il cherche toujours à transgresser les engagements et les règles : Done Elvire ne l'intéresse que parce qu'il doit l'arracher à Dieu, en la faisant d'abord renoncer à ses vœux, puis en lui demandant de rester alors qu'elle est retournée vers Dieu.

À côté de ce libertinage de mœurs, il existe un libertinage de pensée, courant intellectuel prônant l'indépendance de l'individu par rapport à toute règle extérieure à sa conscience, qui traverse de part en part ce siècle croyant, pour relier le naturalisme de la Renaissance à la raison critique des philosophes du XVIIIᵉ siècle. Qu'en est-il pour Dom Juan, auquel Molière ne saurait faire prononcer, en raison des bienséances*, une déclaration explicite ? Tout au plus se laisse-t-il aller à une raillerie indirecte devant le défenseur de la religion (III, 1), à une provocation devant le Pauvre (III, 2), ou à une résistance opiniâtre devant les avertissements du Ciel (III, 5 ; IV, 8 ; V, 5). L'origine de son libertinage est-elle matérialiste, comme pourrait le laisser penser sa réplique fameuse : « Je crois que deux et deux sont quatre, Sganarelle, et que quatre et quatre sont huit » (III, 1) ? On peut en effet voir là l'influence de Descartes, car pour ce philosophe, qui ne rejette pourtant pas l'idée de Dieu, le monde est conçu selon un modèle mathématique.

(Sur le libertinage des mœurs : *Les Liaisons dangereuses,* de Choderlos de Laclos ; sur le libertinage d'esprit : *Les Caractères,* de La Bruyère : « Des Esprits forts », les *Pensées diverses écrites à un docteur de Sorbonne...,* de Bayle, et les *Questions sur l'Encyclopédie,* article « Dieu », de Voltaire).

MAÎTRE ET VALET

C'est une bien curieuse relation que celle qui unit Sganarelle à son maître. Celle-ci est nécessaire puisque Dom Juan ne paraît jamais en scène sans ce témoin qui lui est indispensable, qu'il soit silencieux ou bavard.

Nécessaire sur le plan dramaturgique, puisque – tout comme dans la tragédie – la présence de ce « confident » permet en scène des échanges dynamiques qui dévoilent les intentions et les idées du « grand seigneur méchant homme », et qui évitent du même coup les monologues artificiels et statiques.

Nécessaire aussi sur le plan stratégique, car Molière n'aurait pu porter à la scène un impie sans le contrepoids d'un défenseur des valeurs de la société, même si ce défenseur fait pour le moins pâle figure, ce qui contribue à la suspension du sens de la pièce.

Nécessaire enfin sur le plan psychologique, car le héros a besoin d'un témoin de ses actes provocateurs, voire d'un interlocuteur qui l'amuse : « Eh bien ! Je te donne la liberté de parler et de me dire tes sentiments » (I, 2). Sganarelle éprouve ainsi une certaine fascination pour l'attitude et le courage de son maître qui, ajoutée à sa lâcheté naturelle, le pousse parfois à entrer dans son jeu face à Done Elvire (I, 3), au Pauvre (III, 2) ou à M. Dimanche (IV, 3). Et l'énigme que représente son maître le pousse à discuter avec lui de morale ou de métaphysique, afin de le comprendre et de le ramener dans le droit chemin : « [...] je me sens en humeur de disputer contre vous » (III, 1).

À certains moments toutefois, cette âme simple est révoltée par les déportements de son maître : « Ah ! quel abominable maître me vois-je obligé de servir ! » (I, 3). De sorte qu'il s'oppose à lui, tantôt en tentant d'ouvrir les yeux des paysannes victimes de son maître (II, 4), tantôt en l'affrontant, au risque de se faire bâtonner : « Faites-moi tout ce qu'il vous plaira, battez-moi, assommez-moi de coups, tuez-moi, si vous voulez : il faut que je décharge mon cœur, et qu'en valet fidèle je vous dise ce que je dois. » (V, 2)

Ainsi, le personnage de Sganarelle, loin de n'être qu'un simple faire-valoir, offre une certaine épaisseur qui se dessine pour ainsi dire en creux au contact de son maître, et qui enrichit la relation du maître et du valet.

PLAISIR

Dom Juan, qui n'est guidé que par le plaisir, est décrit par Sganarelle comme un « pourceau d'Épicure[1] ». Le plaisir est, bien sûr, condamné par l'Église, parce que le souci de soi détourne du salut, et que le matérialisme étroit qui sous-tend la jouissance présuppose un néant après la mort, contrairement à ce que prêche la religion. De surcroît, Dom Juan est sensible au plaisir dans l'instant, et il suffit d'un rien pour le divertir d'une pensée fâcheuse ; quand il vient d'échapper à la noyade, dès qu'il aperçoit Charlotte, son humeur change du tout au tout : « Ah ! ah ! d'où sort cette autre paysanne, Sganarelle ? As-tu rien vu de plus joli ? et ne trouves-tu pas, dis-moi, que celle-ci vaut bien l'autre ? » (II, 2) Ce goût du plaisir dans l'instant le porte néces-sairement à l'inconstance, dont il fait l'éloge de manière para-doxale (I, 2), puisque cette disposition s'oppose aux principes de l'amour et de la morale. Enfin, le plaisir qu'éprouve Dom Juan est volontiers de nature sadique ; on s'en rend compte à la manière dont il joue avec Done Elvire, avec le Pauvre ou avec son propre père (I, 3 ; III, 2 ; IV, 4). Lui-même avoue que le seul spectacle du bonheur de deux jeunes fiancés le gêne : « Oui, je

---

1. Alors que le philosophe antique distinguait soigneusement les différentes qualités de plaisirs.

ne pus souffrir d'abord de les voir si bien ensemble ; le dépit alarma mes désirs, et je me figurai un plaisir extrême à pouvoir troubler leur intelligence, et rompre cet attachement, dont la délicatesse de mon cœur se tenait offensée » (I, 2).

(*Cf. L'Astrée* ; *La Double Inconstance* de Marivaux ; *L'Immoraliste* de Gide.)

RELIGION

La religion est au centre de la pièce. D'abord parce que Dieu – dont les convenances interdisent de prononcer le nom au théâtre – est le rival défié par le héros : « c'est une affaire entre le Ciel et moi » (I, 2). Il lui arrache Done Elvire : « […] je vous ai dérobée à la clôture d'un convent, […] vous avez rompu des vœux qui vous engageaient autre part » (I, 3). Il l'abandonne en parodiant une situation d'adultère : « […] le Ciel est fort jaloux de ces sortes de choses. […] j'ai cru que notre mariage n'était qu'un adultère déguisé ». Il tente d'en détacher le Pauvre (III, 2), et résiste à ses avertissements : « Si le Ciel me donne un avis, il faut qu'il parle un peu plus clairement, s'il veut que je l'entende » (V, 4). Enfin, il le raille en simulant une conversion pour continuer sans ennuis sa vie de débauche.

Dieu, qui secourt ceux qui entrent dans le chemin de la vertu et de l'amour d'autrui, comme Done Elvire, sort vainqueur de cet affrontement ; d'une part, en raison du châtiment final que subit le libertin, et d'autre part parce que ses créatures résistent bien à la séduction du libertin : le pauvre refuse de blasphémer et Done Elvire de rester quand le héros l'en prie instamment (IV, 6). La religion est donc présente dans ses effets, ce dont témoigne encore l'image mystique de Done Elvire, qui accepte sa souffrance avec humilité (IV, 6), qui fait preuve de charité, et dont l'amour est débarrassé de désir et de passion.

SÉDUCTION

Dom Juan est séduisant en raison de son assurance, de son verbe, de son élégance, de sa noblesse, et il use abondamment de son pouvoir de séduction sur les autres. Il séduit, au sens étymologique du terme, c'est-à-dire qu'il trompe, aussi bien Done Elvire et les paysannes que Dom Carlos ou M. Dimanche. Mais il séduit pour ne traiter les autres que comme des objets : il n'est qu'à voir les manières de maquignon qu'il adopte pour jauger Charlotte : « Tournez-vous un peu, s'il vous plaît. Ah ! que cette taille est jolie ! Haussez un peu la tête, de grâce. Ah ! que ce visage est mignon ! Ouvrez vos yeux entièrement. Ah ! qu'ils sont beaux ! Que je voie un peu vos dents, je vous prie. » (II, 2) Et peu lui importent les moyens employés, même s'ils sont violents, comme l'enlèvement (I, 2), ou avilissants : quand il devine l'ambition et la coquetterie de Charlotte, il s'abaisse à baiser ses mains sales. Quand il reçoit M. Dimanche, il s'abaisse aussi à simuler l'extrême affabilité devant le pauvre homme, intimidé par l'aisance du grand seigneur.

À une autre échelle, le personnage de Dom Juan, même s'il suscite chez le spectateur un sentiment de malaise, séduit le public depuis sa création, comme s'il le fascinait en se laissant aller à des pulsions que chacun de nous éprouve inconsciemment au fond de lui, mais réfrène ; n'est-ce pas parce qu'il transgresse avec courage tous les interdits, et qu'il s'abandonne au seul principe de plaisir, qu'il exerce sur nous cette fascination jamais démentie ?

La séduction

Les œuvres littéraires présentent aussi bien des personnages qui séduisent innocemment, en respectant la femme désirée, que des héros moins scrupuleux, qui n'hésitent pas à abuser et à corrompre (selon le sens étymologique du terme) un être pur.

L'HONNÊTE SÉDUCTION

MADAME DE LAFAYETTE,
LA PRINCESSE DE CLÈVES, 1678

La séduction involontaire

Loin de chercher à se séduire, M. de Nemours et Mme de Clèves, les jeunes héros de La Princesse de Clèves, *sont simplement naturels lors de leur première rencontre, et c'est leur charme propre qui agit, indépendamment de leur volonté.*

Elle avait ouï parler de ce prince à tout le monde comme de ce qu'il y avait de mieux fait et de plus agréable à la cour ; et surtout Mme la dauphine le lui avait dépeint d'une sorte et lui en avait parlé tant de fois qu'elle lui avait donné de la curiosité, et même de l'impatience de le voir.

Elle passa tout le jour des fiançailles chez elle à se parer, pour se trouver le soir au bal et au festin royal qui se faisait au Louvre. Lorsqu'elle arriva, l'on admira sa beauté et sa parure ; le bal commença et, comme elle dansait avec M. de Guise, il se fit un assez grand bruit vers la porte de la salle, comme de quelqu'un qui entrait et à qui on faisait place. Mme de Clèves acheva de danser et, pendant qu'elle cherchait des yeux quelqu'un qu'elle avait dessein de prendre, le roi lui cria de prendre celui qui arrivait. Elle se tourna et vit un homme qu'elle crut d'abord ne pouvoir être que M. de Nemours, qui passait par-dessus quelques sièges pour arriver où l'on dansait. Ce prince était fait d'une sorte qu'il était difficile de n'être pas surprise de le voir quand on ne l'avait jamais vu, surtout ce soir-là, où le soin qu'il avait pris de se parer augmentait encore l'air brillant qui était dans sa personne ; mais il était difficile aussi de voir Mme de Clèves pour la première fois sans avoir un grand étonnement.

M. de Nemours fut tellement surpris de sa beauté que, lorsqu'il fut proche d'elle, et qu'elle lui fit la révérence, il ne put s'empêcher de donner des marques de son admiration. Quand ils commencèrent à danser, il s'éleva dans la salle un murmure de louanges. Le roi et les reines se souvinrent qu'ils ne s'étaient jamais vus, et trouvèrent quelque chose de singulier de les voir danser ensemble sans se connaître.

Madame de LAFAYETTE, La Princesse de Clèves.

QUESTIONS

1. Étudiez les éléments et les circonstances qui contribuent à faire de cette rencontre un moment exceptionnel.

2. Pourquoi, à la différence du dramaturge, la romancière attache-t-elle de l'importance à ce qui entoure les personnages ? Qu'en déduisez-vous des contraintes techniques (durée, décor, acteurs) propres au genre théâtral ?

BORIS VIAN, L'ÉCUME DES JOURS, 1947

La séduction consciente

Colin attend Chloé et se demande quel programme lui proposer pour lui plaire. Là encore, le héros ne compte pas abuser de la jeune fille.

Colin roulait le bord de ses gants et préparait sa première phrase. Celle-ci se modifiait de plus en plus rapidement à mesure qu'approchait l'heure. Il ne savait pas que faire avec Chloé. Peut-être l'emmener dans un salon de thé, mais l'atmosphère y est, d'ordinaire, plutôt déprimante, et les dames goinfres de quarante ans qui mangent sept gâteaux à la crème en détachant le petit doigt, il n'aimait pas ça. Il ne concevait la goinfrerie que pour les hommes, chez qui elle prend tout son sens sans leur enlever leur dignité naturelle. Pas au cinéma, elle n'acceptera pas. Pas au députodrome, elle n'aimera pas ça. Pas aux courses de veaux, elle aura peur. Pas à l'hôpital Saint-Louis, c'est défendu. Pas au musée du Louvre, il y a des satyres derrière les chérubins assyriens. Pas à la gare Saint-Lazare, il n'y a plus que des brouettes et pas un seul train.

« Bonjour !... »

Chloé était arrivée par-derrière. Il retira vite son gant, s'empêtra dedans, se donna un grand coup de poing dans le nez, fit « Ouille !... » et lui serra la main. Elle riait.

« Vous avez l'air bien embarrassé ! »

Un manteau de fourrure à longs poils, de la couleur de ses cheveux, et une toque en fourrure aussi, et de petites bottes courtes à revers de fourrure.

Elle prit Colin par le bras.

« Offrez-moi le bras. Vous n'êtes pas dégourdi, aujourd'hui !...`

– Ça allait mieux la dernière fois », avoua Colin.

Elle rit encore, et le regarda et rit de nouveau encore mieux.

« Vous vous moquez de moi, dit Colin, piteux. C'est pas charitable.

– Vous êtes content de me voir ? dit Chloé.

– Oui !... » dit Colin.

Ils marchaient, suivant le premier trottoir venu. Un petit nuage rose descendait de l'air et s'approchait d'eux.

« J'y vais ! proposa-t-il.

– Vas-y », dit Colin.

Et le nuage les enveloppa. À l'intérieur, il faisait chaud et ça sentait le sucre à la cannelle.

Boris VIAN, *L'Écume des jours*,
© Société Nouvelle des éditions Pauvert, 1963.

QUESTIONS

1. Quels sont les éléments du comique dans ce passage ?

2. En quoi l'attitude de Colin et celle de Dom Juan (II, 2) s'opposent-elles ?

3. Comment l'auteur crée-t-il une atmosphère quelque peu surréaliste ?

LA SÉDUCTION CORRUPTRICE

JEAN GIRAUDOUX, *AMPHITRYON 38*, 1929

Sur le mode ludique

Giraudoux fait sien, avec brio, ce très vieux thème mytholo-gique, déjà repris par Molière après Plaute (dans l'Antiquité) et Rotrou (au XVIIᵉ siècle). Jupiter, qui veut séduire Alcmène, la femme d'Amphitryon, a pris les traits de ce dernier et vient de pas-ser la nuit avec la jeune femme. Mais le maître des dieux voudrait de surcroît être aimé pour lui-même par la belle mortelle, qui croit avoir affaire à son mari ; il essaie donc de lui faire dire que l'œuvre de Jupiter est admirable (II, 2).

JUPITER. [...] Alors tu trouves beau, cet ouvrage de Jupiter, ces falaises, ces rocs ?

ALCMÈNE. Très beau. Seulement l'a-t-il fait exprès ?

JUPITER. Tu dis !

ALCMÈNE. Toi tu fais tout exprès, chéri, soit que tu entes tes cerisiers sur tes prunes, soit que tu imagines un sabre à deux tranchants. Mais crois-tu que Jupiter ait su vraiment, le jour de la création, ce qu'il allait faire ?

JUPITER. On l'assure.

ALCMÈNE. Il a créé la terre. Mais la beauté de la terre se crée elle-même, à chaque minute. Ce qu'il y a de prodigieux en elle, c'est qu'elle est éphémère : Jupiter est trop sérieux pour avoir voulu créer de l'éphémère.

JUPITER. Peut-être te représentes-tu mal la création.

ALCMÈNE. Aussi mal, sans doute, que la fin du monde. Je suis à égale distance de l'une et de l'autre et je n'ai pas plus de mémoire que de prévision. Tu te la représentes, toi, chéri ?

JUPITER. Je la vois… Au début, régnait le chaos… L'idée vraiment géniale de Jupiter, c'est d'avoir pensé à le dissocier en quatre éléments.

ALCMÈNE. Nous n'avons que quatre éléments ?

JUPITER. Quatre, et le premier est l'eau, et ce ne fut pas le plus simple à créer, je te prie de le croire ! Cela semble naturel, à première vue, l'eau. Mais imaginer de créer l'eau, avoir l'idée de l'eau, c'est autre chose !

ALCMÈNE. Que pleuraient les déesses, à cette époque, du bronze ?

JUPITER. Ne m'interromps pas. Je tiens à bien te montrer ce qu'était Jupiter. Il peut t'apparaître tout d'un coup. Tu n'aimerais pas qu'il t'expliquât cela lui-même, dans sa grandeur ?

ALCMÈNE. Il a dû l'expliquer trop souvent. Tu y mettras plus de fantaisie.

JUPITER. Où en étais-je ?

ALCMÈNE. Nous avions presque fini, au chaos originel…

JUPITER. Ah oui ! Jupiter eut soudain l'idée d'une force élastique et incompressible, qui comblerait les vides, et amortirait tous les chocs d'une atmosphère encore mal réglée.

ALCMÈNE. L'idée de l'écume, elle est de lui ?

JUPITER. Non, mais l'eau une fois née, il lui vint à l'esprit de la border par des rives, irrégulières, pour briser les tempêtes, et de semer sur elle, afin que l'œil des dieux ne fût pas toujours agacé par un horizon miroitant, des continents, solubles ou rocailleux. La terre était créée, et ses merveilles…

ALCMÈNE. Et les pins ?

JUPITER. Les pins ?

ALCMÈNE. Les pins parasols, les pins cèdres, les pins cyprès, toutes ces masses vertes ou bleues sans lesquelles un paysage n'existe pas… et l'écho ?

JUPITER. L'écho ?

ALCMÈNE. Tu réponds comme lui. Et les couleurs, c'est lui qui a créé les couleurs ?

JUPITER. Les sept couleurs de l'arc-en-ciel, c'est lui.

ALCMÈNE. Je parle du mordoré, du pourpre, du vert lézard, mes préférées.

JUPITER. Il a laissé ce soin aux teinturiers. Mais, recourant aux vibrations diverses de l'éther, il a fait que par les chocs de doubles chocs moléculaires, ainsi que par les contre-réfractions des réfractions originelles, se tendissent à travers l'univers mille réseaux différents de son ou de couleur, perceptibles ou non (après tout il s'en moque !) aux organes humains.

ALCMÈNE. C'est exactement ce que je disais.

JUPITER. Que disais-tu ?

ALCMÈNE. Qu'il n'a rien fait ! Que nous plonger dans un terrible assemblage de stupeurs et d'illusions, où nous devons nous tirer seuls d'affaire, moi et mon cher mari.

Jean GIRAUDOUX, *Amphitryon 38*, I, 2, Grasset.

QUESTIONS

1. Analysez les réactions du séducteur. Par quoi est-il dérouté ?

2. En quoi Jupiter commet-il une erreur de stratégie ? Que pensez-vous de son « discours amoureux » ?

3. Jupiter et Dom Juan ne séduisent pas pour les mêmes raisons ; dites quelle sorte de plaisir chacun d'eux en attend.

GUSTAVE FLAUBERT, *MADAME BOVARY*, 1857

Sur le mode hypocrite

Rodolphe, une sorte de Dom Juan campagnard, entreprend de séduire l'héroïne, lors de comices agricoles, alors que le Conseiller prononce un discours officiel.

Cependant Rodolphe, avec Mme Bovary, était monté au premier étage de la mairie, dans la *salle des délibérations*, et, comme elle était vide, il avait déclaré que l'on y serait bien pour jouir du spectacle plus à son aise. Il prit trois tabourets autour de la table ovale, sous le buste du monarque, et, les ayant approchés de l'une des fenêtres, ils s'assirent l'un près de l'autre.

Il y eut une agitation sur l'estrade, de longs chuchotements, des pourparlers. Enfin, M. le Conseiller se leva. On savait maintenant qu'il s'appelait Lieuvain, et l'on se répétait son nom l'un à l'autre, dans la foule. Quand il eut donc collationné quelques feuilles et appliqué dessus son œil pour y mieux voir, il commença :

« Messieurs,

« Qu'il me soit permis d'abord (avant de vous entretenir de l'objet de cette réunion d'aujourd'hui, et ce sentiment, j'en suis sûr, sera partagé par vous tous), qu'il me soit permis, dis-je, de rendre justice à l'administration supérieure, au gouvernement, au monarque, messieurs, à notre souverain, à ce roi bien-aimé à qui aucune branche de la prospérité publique ou particulière n'est indifférente, et qui dirige à la fois d'une main si ferme et si sage le char de l'État parmi les périls incessants d'une mer orageuse, sachant d'ailleurs faire respecter la paix comme la guerre, l'industrie, le commerce, l'agriculture et les beaux-arts. »

– Je devrais, dit Rodolphe, me reculer un peu.

– Pourquoi ? dit Emma.

Mais, à ce moment, la voix du Conseiller s'éleva d'un ton extraordinaire. Il déclamait :

« Le temps n'est plus, messieurs, où la discorde civile ensanglantait nos places publiques, où le propriétaire, le négociant, l'ouvrier lui-même, en s'endormant le soir d'un sommeil paisible, tremblaient de se voir réveillés tout à coup au bruit des tocsins incendiaires, où les maximes les plus subversives sapaient audacieusement les bases… »

– C'est qu'on pourrait, reprit Rodolphe, m'apercevoir d'en bas ; puis j'en aurais pour quinze jours à donner des excuses, et, avec ma mauvaise réputation…

– Oh ! vous vous calomniez, dit Emma.

– Non, non, elle est exécrable, je vous jure.

« Mais, messieurs, poursuivit le Conseiller, que si, écartant de mon souvenir ces sombres tableaux, je reporte mes yeux sur la situation actuelle de notre belle patrie : qu'y vois-je ? Partout fleurissent le commerce et les arts ; partout des voies nouvelles de communication, comme autant d'artères nouvelles dans le corps de l'État, y établissent des rapports nouveaux ; nos grands centres manufacturiers ont repris leur activité ; la religion, plus affermie, sourit à tous les cœurs ; nos ports sont pleins, la confiance renaît, et enfin la France respire !... »

– Du reste, ajouta Rodolphe, peut-être, au point de vue du monde, a-t-on raison ?

– Comment cela ? fit-elle.

– Eh quoi ! dit-il, ne savez-vous pas qu'il y a des âmes sans cesse tourmentées ? Il leur faut tour à tour le rêve et l'action, les passions les plus pures, les jouissances les plus furieuses, et l'on se jette ainsi dans toutes sortes de fantaisies, de folies.

Alors elle le regarda comme on contemple un voyageur qui a passé par des pays extraordinaires, et elle reprit :

– Nous n'avons pas même cette distraction, nous autres pauvres femmes !

– Triste distraction, car on n'y trouve pas le bonheur.

– Mais le trouve-t-on jamais ? demanda-t-elle.

– Oui, il se rencontre un jour, répondit-il.

« Et c'est là ce que vous avez compris, disait le Conseiller. Vous, agriculteurs et ouvriers des campagnes ; vous, pionniers pacifiques d'une œuvre toute de civilisation ! vous, hommes de progrès et de moralité ! vous avez compris, dis-je, que les orages politiques sont encore plus redoutables vraiment que les désordres de l'atmosphère... »

– Il se rencontre un jour, répéta Rodolphe, un jour, tout à coup et quand on en désespérait. Alors des horizons s'entr'ouvrent, c'est comme une voix qui crie : « Le voilà ! » Vous sentez le besoin de faire à cette personne la confidence de votre vie, de lui donner tout, de lui sacrifier tout ! On ne s'explique pas, on se devine. On s'est entrevu dans ses rêves. (Et il la regardait.) Enfin, il est là, ce trésor que l'on a tant cherché, là, devant vous ; il brille, il étincelle. Cependant on en doute encore, on n'ose y croire ; on en reste ébloui, comme si l'on sortait des ténèbres à la lumière.

Et, en achevant ces mots, Rodolphe ajouta la pantomime à sa phrase. Il se passa la main sur le visage, tel qu'un homme pris d'étourdissement ; puis il la laissa retomber sur celle d'Emma. Elle retira la sienne. Mais le Conseiller lisait toujours.

Gustave FLAUBERT, *Madame Bovary*.

QUESTIONS

1. Montrez que Rodolphe procède dans son discours séducteur de manière très progressive. En quoi est-il habile ?

2. Comment expliquez-vous que Dom Juan soit au contraire aussi direct et hardi (II, 2 et 4) ?

3. Pourquoi Flaubert a-t-il mêlé, par phases alternées, la scène de séduction et le discours du Conseiller ? Quels effets cela crée-t-il ? Qu'en déduisez-vous de l'attitude du narrateur ?

CHODERLOS DE LACLOS, *LES LIAISONS DANGEREUSES*, 1782

Sur le mode cynique

Le héros, Valmont, décide de séduire Mme de Tourvel, une femme à la vertu exemplaire. Il atteint un degré supplémentaire dans l'abjection, car il prend plaisir à raconter cette entreprise à son amie et complice, Mme de Merteuil. Il jouit ainsi doublement de son acte criminel.

Je n'eus pas la peine de diriger la conversation où je voulais la conduire. La ferveur de l'aimable prêcheuse me servit mieux que n'aurait pu faire mon adresse. « Quand on est si digne de faire le bien, me dit-elle, en arrêtant sur moi son doux regard : comment passe-t-on sa vie à mal faire ? » – « Je ne mérite, lui répondis-je, ni cet éloge, ni cette censure ; et je ne conçois pas qu'avec autant d'esprit que vous en avez, vous ne m'ayez pas encore deviné. Dût ma confiance me nuire auprès de vous, vous en êtes trop digne, pour qu'il me soit possible de vous la refuser. Vous trouverez la clef de ma conduite dans un caractère malheureusement trop facile. Entouré de gens sans mœurs, j'ai

imité leurs vices ; j'ai peut-être mis de l'amour-propre à les sur-
passer. Séduit de même ici par l'exemple des vertus, sans espérer
de vous atteindre, j'ai au moins essayé de vous suivre. Eh ! peut-
être l'action dont vous me louez aujourd'hui perdrait-elle tout
son prix à vos yeux, si vous en connaissiez le véritable motif !
(Vous voyez, ma belle amie, combien j'étais près de la vérité.) Ce
n'est pas à moi, continuai-je, que ces malheureux ont dû mes
secours. Où vous croyez voir une action louable, je ne cherchais
qu'un moyen de plaire. Je n'étais, puisqu'il faut le dire, que le
faible agent de la divinité que j'adore. (Ici elle voulut m'inter-
rompre ; mais je ne lui en donnai pas le temps.) Dans ce
moment même, ajoutai-je, mon secret ne m'échappe que par
faiblesse. Je m'étais promis de vous le taire ; je me faisais un
bonheur de rendre à vos vertus comme à vos appas un hommage
pur que vous ignoreriez toujours ; mais, incapable de tromper,
quand j'ai sous les yeux l'exemple de la candeur, je n'aurai point
à me reprocher avec vous une dissimulation coupable. Ne croyez
pas que je vous outrage par une criminelle espérance. Je serai
malheureux, je le sais ; mais mes souffrances me seront chères ;
elles me prouveront l'excès de mon amour ; c'est à vos pieds,
c'est dans votre sein que je déposerai mes peines. J'y puiserai des
forces pour souffrir de nouveau ; j'y trouverai la bonté compa-
tissante, et je me croirai consolé, parce que vous m'aurez plaint.
Ô vous que j'adore ! écoutez-moi, plaignez-moi, secourez-
moi. » Cependant, j'étais à ses genoux et je serrais ses mains
dans les miennes : mais elle, se dégageant tout à coup, et les
croisant sur ses yeux avec l'expression du désespoir : « Ah ! malheureuse ! » s'écria-t-elle ; puis elle fondit en larmes. Par bonheur, je m'étais livré à tel point que je pleurais aussi ; et,
reprenant ses mains, je les baignais de pleurs. Cette précaution
était bien nécessaire ; car elle était si occupée de sa douleur,
qu'elle ne se serait pas aperçue de la mienne, si je n'avais pas
trouvé ce moyen de l'en avertir. J'y gagnai de plus de considérer à loisir cette charmante figure, embellie encore par l'attrait
puissant des larmes. Ma tête s'échauffait, et j'étais si peu maître
de moi, que je fus tenté de profiter de ce moment.

Pierre CHODERLOS DE LACLOS, Les Liaisons dangereuses.

QUESTIONS

1. Montrez que Valmont s'amuse de la situation en décrivant la scène à son amie.

2. En quoi est-il habile dans la justification fallacieuse de son attitude ?

3. Comment procède-t-il pour toucher la femme qu'il désire ? (Étudiez notamment les champs lexicaux, le temps des verbes, la ponctuation.)

4. Quel est, selon vous, le moment le plus cynique de sa lettre ? Justifiez votre réponse.

5. En quoi Valmont est-il, si l'on peut dire, l'héritier de Dom Juan ?

Sujets de Bac

QUESTION

Quel est, selon vous, le séducteur qui se situe le plus exactement dans la lignée de Dom Juan ? Justifiez votre réponse.

DISSERTATION

« L'art de plaire est l'art de tromper » écrit Vauvenargues. Illustrez et discutez cette pensée en recourant à des exemples littéraires précis.

COMMENTAIRE

Étudiez l'extrait de *La Princesse de Clèves* en veillant à montrer l'éblouissement des personnages, la naissance d'une passion, ainsi que le rôle du destin.

SUJET D'INVENTION

Récrivez la scène d'*Amphitryon 38* en imaginant qu'Alcmène découvre progressivement que son mari a changé, qu'elle ne le reconnaît plus, et qu'elle prend de la distance par rapport à Jupiter de plus en plus décontenancé.

Le discours de la révolte

AU THÉÂTRE

BEAUMARCHAIS, *LE MARIAGE DE FIGARO*, 1784

La révolte politique et sociale de Figaro

Figaro croit à tort que Suzanne a accepté un rendez-vous galant avec le comte. Il médite sur la situation, sa vie et son état. En dépit de ses qualités et de son intelligence, il a connu une suite d'échecs, dont il attribue la raison à l'injustice sociale.

FIGARO. […] Parce que vous êtes un grand seigneur, vous vous croyez un grand génie !… Noblesse, fortune, un rang, des places, tout cela rend si fier ! Qu'avez-vous fait pour tant de biens ? Vous vous êtes donné la peine de naître, et rien de plus. Du reste, homme assez ordinaire ; tandis que moi, morbleu ! perdu dans la foule obscure, il m'a fallu déployer plus de science et de calculs pour subsister seulement, qu'on n'en a mis depuis cent ans à gouverner toutes les Espagnes : et vous voulez jouter… On vient… c'est elle… ce n'est personne. – La nuit est noire en diable, et me voilà faisant le sot métier de mari, quoique je ne le sois qu'à moitié ! *(Il s'assied sur un banc.)* Est-il rien de plus bizarre que ma destinée ? Fils de je ne sais pas qui, volé par des bandits, élevé dans leurs mœurs, je m'en dégoûte et veux courir une carrière honnête ; et partout je suis repoussé ! J'apprends la chimie, la pharmacie, la chirurgie, et tout le crédit d'un grand seigneur peut à peine me mettre à la main une lancette vétérinaire ! – Las d'attrister des bêtes malades, et pour faire un métier contraire, je me jette à corps perdu dans le théâtre : me fussé-je mis une pierre au cou ! Je broche une comédie dans les mœurs du sérail. Auteur espagnol, je crois pouvoir y fronder Mahomet sans scrupule : à l'instant un envoyé… de je ne sais où se plaint que j'offense dans mes vers la Sublime-Porte, la Perse, une partie de la presqu'île de l'Inde, toute l'Égypte, les royaumes de Barca, de Tripoli, de Tunis, d'Alger et de Maroc : et voilà ma comédie flambée, pour plaire aux princes mahométans, dont pas un, je crois, ne sait lire, et qui nous meurtrissent l'omoplate, en nous disant : *chiens de chrétiens*. – Ne pouvant avilir l'esprit, on se venge en le maltraitant. – Mes joues creusaient, mon terme était échu : je voyais de loin arriver l'affreux recors, la plume fichée dans sa perruque : en frémissant je m'évertue. Il s'élève une question sur la nature des richesses ; et, comme il n'est pas nécessaire de tenir les choses pour en raisonner, n'ayant pas un sol, j'écris sur la valeur de l'argent et sur son produit net : sitôt je vois du fond d'un fiacre baisser pour moi le pont d'un château fort, à l'entrée duquel je laissai l'espérance et la liberté. *(Il se lève.)* Que je voudrais bien tenir un de ces puissants de quatre jours, si légers sur le mal qu'ils ordonnent, quand une bonne disgrâce a cuvé son orgueil ! Je lui dirais… que les sottises imprimées n'ont d'importance qu'aux lieux où l'on en gêne le cours ; que, sans la liberté de blâmer, il n'est point d'éloge flatteur ; et qu'il n'y a que les petits hommes qui redoutent les petits écrits. *(Il se rassied.)* Las de nourrir un obscur pensionnaire, on me met un jour dans la rue ; et comme il faut dîner, quoiqu'on ne soit plus en prison, je taille encore ma plume, et demande à chacun de quoi il est question : on me dit que, pendant ma retraite économique, il s'est établi dans Madrid un système de liberté sur la vente des productions, qui s'étend même à celles de la presse ; et que, pourvu que je ne parle en mes écrits ni de l'autorité, ni du culte, ni de la politique, ni de la morale, ni des gens en place, ni des corps en crédit, ni de l'Opéra, ni des autres spectacles, ni de personne qui tienne à quelque chose, je puis tout imprimer librement, sous l'inspection de deux ou trois censeurs. Pour profiter de cette douce liberté, j'annonce un écrit périodique, et, croyant n'aller sur les brisées d'aucun autre, je le nomme *Journal inutile*. Pou-ou ! je vois s'élever contre moi mille pauvres diables à la feuille, on me supprime, et me voilà derechef sans emploi ! – Le désespoir m'allait saisir ; on pense à moi pour une place, mais par malheur j'y étais propre : il fallait un calculateur, ce fut un danseur qui l'obtint. Il ne me restait plus qu'à voler ; je me fais banquier de pharaon : alors, bonnes gens ! je soupe en ville, et les personnes dites *comme il faut* m'ouvrent poliment leur maison, en retenant pour elles les trois quarts du profit. J'aurais bien pu me remonter ; je commençais même à comprendre que, pour gagner du bien, le savoir-faire vaut mieux que le savoir. Mais comme chacun pillait autour de moi, en exigeant que je fusse honnête, il fallut bien périr encore. Pour le coup je quittais le monde, et vingt brasses d'eau m'en allaient séparer, lorsqu'un dieu bienfaisant m'appelle à mon premier état. Je reprends ma trousse et mon cuir anglais ; puis, laissant la fumée aux sots qui s'en nourrissent, et la honte au milieu du chemin, comme trop lourde à un piéton, je vais rasant de ville en ville, et je vis enfin sans souci.

Pierre Augustin CARON DE BEAUMARCHAIS, *Le Mariage de Figaro*, V, 3.

QUESTIONS

1. Relevez les passages qui traduisent une remise en cause de l'ordre social. Quels sont les privilèges de la noblesse ici dénoncés ?

2. De quelle manière Beaumarchais montre-t-il que l'honnêteté et le mérite ne permettent aucune ascension sociale dans une société inégalitaire ?

3. Figaro, au contraire de Sganarelle, maîtrise la parole. Qu'est-ce qui caractérise son éloquence par rapport à celle de Dom Juan ?

EUGÈNE IONESCO, *RHINOCÉROS*, 1959

La révolte métaphysique dans *Rhinocéros*

Dans cette pièce de Ionesco, une curieuse épidémie, la « rhinocérite », gagne une petite ville et transforme ses habitants en rhinocéros, tout en soulignant leurs défauts : égoïsme, hypocrisie, ambition, volonté de puissance, lâcheté... Au nom de l'humanisme, cette fable met l'homme en garde contre les démissions qui le ravalent à l'état de robot s'il suit aveuglément son instinct grégaire. Abandonné de tous, le héros, Bérenger, résiste au nom de son besoin de liberté et de son sentiment d'être « une âme unique ».

BÉRENGER. [...] On ne m'aura pas, moi. *(Il ferme soigneusement les fenêtres.)* Vous ne m'aurez pas, moi. *(Il s'adresse à toutes les têtes de rhinocéros.)* Je ne vous suivrai pas, je ne vous comprends pas ! Je reste ce que je suis. Je suis un être humain. Un être humain. [...] Quelle est ma langue ? Est-ce du français, ça ? Ce doit bien être du français ? Mais qu'est-ce que du français ? On peut appeler ça du français, si on veut, personne ne peut le contester, je suis seul à le parler. Qu'est-ce que je dis ? Est-ce que je me comprends, est-ce que je me comprends ? *(Il va vers le milieu de la chambre.)* Et si, comme me l'avait dit Daisy, si c'est eux qui ont raison ? *(Il retourne vers la glace.)* Un homme n'est pas laid, un homme n'est pas laid ! *(Il se regarde en passant la main sur sa figure.)* Quelle drôle de chose ! À quoi je ressemble alors ? À quoi ? *(Il se précipite vers un placard, en sort des photos, qu'il regarde.)* Des photos ! Qui sont-ils tous ces gens-là ? M. Papillon, ou Daisy plutôt ? Et celui-là, est-ce Botard ou Dudard, ou Jean ? ou moi, peut-être ! *(Il se précipite de nouveau vers le placard d'où il sort deux ou trois tableaux.)* Oui, je me reconnais ; c'est moi, c'est moi ! *(Il va raccrocher les tableaux sur le mur du fond, à côté des têtes des rhinocéros.)* C'est moi, c'est moi ! *(Lorsqu'il accroche les tableaux, on s'aperçoit que ceux-ci représentent un vieillard, une grosse femme, un autre homme. La laideur de ces portraits contraste avec les têtes des rhinocéros qui sont devenues très belles. Béranger s'écarte pour contempler les tableaux.)* Je ne suis pas beau, je ne suis pas beau. *(Il décroche les tableaux, les jette par terre avec fureur, il va vers la glace.)* Ce sont eux qui sont beaux. J'ai eu tort ! Oh, comme je voudrais être comme eux. Je n'ai pas de corne, hélas ! Que c'est laid, un front plat. Il m'en faudrait une ou deux, pour rehausser mes traits tombants. Ça viendra peut-être, et je n'aurai plus honte, je pourrai aller tous les retrouver. Mais ça ne pousse pas ! *(Il regarde les paumes de ses mains.)* Mes mains sont moites. Deviendront-elles rugueuses ? *(Il enlève son veston, défait sa chemise, contemple sa poitrine dans la glace.)* J'ai la peau flasque. Ah, ce corps trop blanc, et poilu ! Comme je voudrais avoir une peau dure et cette magnifique couleur d'un vert sombre, une nudité décente, sans poils, comme la leur ! *(Il écoute les barrissements.)* Leurs chants ont du charme, un peu âpre, mais un charme certain ! Si je pouvais faire comme eux. *(Il essaye de les imiter.)* Ahh, Ahh, Brr ! Non, ça n'est pas ça ! Essayons encore plus fort ! Ahh, Ahh, Brr ! non, non, ce n'est pas ça, que c'est faible, comme cela manque de vigueur ! Je n'arrive pas à barrir. Je hurle seulement. Ahh, Ahh, Brr ! Les hurlements ne sont pas des barrissements !

Comme j'ai mauvaise conscience, j'aurais dû les suivre à temps. Trop tard maintenant ! Hélas, je suis un monstre, je suis un monstre. Hélas, jamais je ne deviendrai rhinocéros, jamais, jamais ! Je ne peux plus changer. Je voudrais bien, je voudrais tellement, mais je ne peux pas. Je ne peux plus me voir. J'ai trop honte ! *(Il tourne le dos à la glace.)* Comme je suis laid ! Malheur à celui qui veut conserver son originalité ! *(Il a un brusque sursaut.)* Eh bien tant pis ! Je me défendrai contre tout le monde ! Ma carabine, ma carabine ! *(Il se retourne face au mur du fond où sont fixées les têtes des rhinocéros, tout en criant :)* Contre tout le monde, je me défendrai ! Je suis le dernier homme, je le resterai jusqu'au bout ! Je ne capitule pas !

Rideau.

Eugène IONESCO, *Rhinocéros*, III, © Éditions Gallimard.

QUESTIONS

1. Montrez que Bérenger souffre de sa différence et qu'il est tenté de suivre le mouvement.

2. Ionesco écrit : « Tout est permis au théâtre : incarner des personnages, mais aussi matérialiser des angoisses, des présences intérieures. Il est donc non seulement permis, mais recommandé, de faire jouer les accessoires, faire vivre les objets, animer les décors, concrétiser les symboles. » En quoi cette scène illustre-t-elle un tel propos ?

3. Toutes proportions gardées, en quoi la révolte de Bérenger pourrait-elle être rapprochée de celle de Dom Juan ?

DANS LE ROMAN

ÉMILE ZOLA, *GERMINAL*, 1885

L'idéologie révolutionnaire

Dans Germinal, *Émile Zola dépeint la naissance des mouvements ouvriers dans le monde de la mine. Étienne Lantier, gagné par les idées socialistes et partisan de la grève, découvre les idées bien plus radicales de Souvarine.*

Brusquement, il s'arrêta devant Souvarine, il cria :

— Vois-tu, si je savais coûter une goutte de sang à un ami, je filerais tout de suite en Amérique !

Le machineur haussa les épaules, et un sourire amincit de nouveau ses lèvres.

— Oh ! du sang, murmura-t-il, qu'est-ce que ça fait ? la terre en a besoin.

Étienne, se calmant, prit une chaise et s'accouda de l'autre côté de la table. Cette face blonde, dont les yeux rêveurs s'ensauvageaient parfois d'une clarté rouge, l'inquiétait, exerçait sur sa volonté une action singulière. Sans que le camarade parlât, conquis par ce silence même, il se sentait absorbé peu à peu.

— Voyons, demanda-t-il, que ferais-tu à ma place ? N'ai-je pas raison de vouloir agir ?... Le mieux, n'est-ce pas ? est de nous mettre de cette Association.

Souvarine, après avoir soufflé lentement un jet de fumée, répondit par son mot favori :

— Oui, des bêtises ! mais, en attendant, c'est toujours ça... D'ailleurs, leur Internationale va marcher bientôt. Il s'en occupe.

— Qui donc ?

— Lui !

Il avait prononcé ce mot à demi-voix, d'un air de ferveur religieuse, en jetant un regard vers l'Orient. C'était du maître qu'il parlait, de Bakounine l'exterminateur.

— Lui seul peut donner le coup de massue, continua-t-il, tandis que tes savants sont des lâches, avec leur évolution... Avant trois ans, l'Internationale, sous ses ordres, doit écraser le vieux monde.

Étienne tendait les oreilles, très attentif. Il brûlait de s'instruire, de comprendre ce culte de la destruction, sur lequel le machineur ne lâchait que de rares paroles obscures, comme s'il eût gardé pour lui les mystères.

— Mais enfin explique-moi... Quel est votre but ?

– Tout détruire... Plus de nations, plus de gouvernements, plus de propriété, plus de Dieu ni de culte.

– J'entends bien. Seulement, à quoi ça vous mène-t-il ?

– À la commune primitive et sans forme, à un monde nouveau, au recommencement de tout.

– Et les moyens d'exécution ? comment comptez-vous vous y prendre ?

– Par le feu, par le poison, par le poignard. Le brigand est le vrai héros, le vengeur populaire, le révolutionnaire en action, sans phrases puisées dans les livres. Il faut qu'une série d'effroyables attentats épouvantent les puissants et réveillent le peuple.

En parlant, Souvarine devenait terrible. Une extase le soulevait sur sa chaise, une flamme mystique sortait de ses yeux pâles, et ses mains délicates étreignaient le bord de la table, à la briser. Saisi de peur, l'autre le regardait, songeait aux histoires dont il avait reçu la vague confidence, des mines chargées sous les palais du tzar, des chefs de la police abattus à coups de couteau ainsi que des sangliers, une maîtresse à lui, la seule femme qu'il eût aimée, pendue à Moscou, un matin de pluie, pendant que, dans la foule, il la baisait des yeux une dernière fois.

– Non ! non ! murmura Étienne, avec un grand geste qui écartait ces abominables visions, nous n'en sommes pas encore là, chez nous. L'assassinat, l'incendie, jamais ! C'est monstrueux, c'est injuste, tous les camarades se lèveraient pour étrangler le coupable !

Et puis, il ne comprenait toujours pas, sa race se refusait au rêve sombre de cette extermination du monde, fauché comme un champ de seigle, à ras de terre. Ensuite, que ferait-on, comment repousseraient les peuples ? Il exigeait une réponse.

– Dis-moi ton programme. Nous voulons savoir où nous allons, nous autres.

Alors, Souvarine conclut paisiblement, avec son regard noyé et perdu :

– Tous les raisonnements sur l'avenir sont criminels, parce qu'ils empêchent la destruction pure et entravent la marche de la révolution.

Cela fit rire Étienne, malgré le froid que la réponse lui avait soufflé sur la chair. Du reste, il confessait volontiers qu'il y avait du bon dans ces idées, dont l'effrayante simplicité l'attirait. Seulement, ce serait donner la partie trop belle à Rasseneur, si l'on en contait de pareilles aux camarades. Il s'agissait d'être pratique.

Émile ZOLA, Germinal, IV, 4.

QUESTIONS

1. Montrez qu'Étienne est littéralement fasciné par les idées de Souvarine. Pourquoi recule-t-il néanmoins devant ces perspectives ?

2. De quelle manière Zola souligne-t-il l'écart existant entre le théoricien et le pragmatique ?

3. En quoi la violence de Souvarine pourrait-elle être comparable à celle de Dom Juan ?

DANS LA POÉSIE

VICTOR HUGO, *LES CONTEMPLATIONS*, 1856

Une révolution esthétique

On sait que les batailles littéraires sont toujours sous-tendues par des enjeux sociaux et idéologiques. On ne s'étonnera donc pas que Victor Hugo s'en prenne avec verve à la tyrannie de l'usage et des règles de l'écriture, véritable carcan qui, à ses yeux, bride l'expression du génie et la marche de la liberté.

Quand je sortis du collège, du thème,
Des vers latins, farouche, espèce d'enfant blême
Et grave, au front penchant, aux membres appauvris ;
Quand, tâchant de comprendre et de juger, j'ouvris
Les yeux sur la nature et sur l'art, l'idiome,
Peuple et noblesse, était l'image du royaume ;
La poésie était la monarchie ; un mot
Était un duc et pair, ou n'était qu'un grimaud ;
Les syllabes pas plus que Paris et que Londre
Ne se mêlaient ; ainsi marchent sans se confondre
Piétons et cavaliers traversant le pont Neuf ;
La langue était l'état avant quatre-vingt-neuf ;

Les mots, bien ou mal nés, vivaient parqués en castes ;
Les uns, nobles, hantant les Phèdres, les Jocastes,
Les Méropes, ayant le décorum pour loi,
Et montant à Versaille aux carrosses du roi ;
Les autres, tas de gueux, drôles patibulaires,
Habitant les patois ; quelques-uns aux galères
Dans l'argot ; dévoués à tous les genres bas ;
Déchirés en haillons dans les halles ; sans bas,
Sans perruque ; créés pour la prose et la farce ;
Populace du style au fond de l'ombre éparse ;
Vilains, rustres, croquants que Vaugelas leur chef
Dans le bagne Lexique avait marqués d'une F ;
N'exprimant que la vie abjecte et familière,
Vils, dégradés, flétris, bourgeois, bons pour Molière.
Racine regardait ces marauds de travers ;
Si Corneille en trouvait un blotti dans son vers,
Il le gardait, trop grand pour dire : Qu'il s'en aille ;
Et Voltaire criait : Corneille s'encanaille !
Le bonhomme Corneille, humble, se tenait coi.
Alors, brigand, je vins ; je m'écriai : Pourquoi
Ceux-ci toujours devant, ceux-là toujours derrière ?
Et sur l'Académie, aïeule et douairière,
Cachant sous ses jupons les tropes effarés,
Et sur les bataillons d'alexandrins carrés,
Je fis souffler un vent révolutionnaire.
Je mis un bonnet rouge au vieux dictionnaire.
Plus de mot sénateur ! plus de mot roturier !
Je fis une tempête au fond de l'encrier,
Et je mêlai, parmi les ombres débordées,
Au peuple noir des mots l'essaim blanc des idées ;
Et je dis : Pas de mot où l'idée au vol pur
Ne puisse se poser, toute humide d'azur !
Discours affreux ! – Syllepse, hypallage, litote,
Frémirent ; je montai sur la borne Aristote,
Et déclarai les mots égaux, libres, majeurs.
Tous les envahisseurs et tous les ravageurs,
Tous ces tigres, les Huns, les Scythes et les Daces,

N'étaient que des toutous auprès de mes audaces ;
Je bondis hors du cercle et brisai le compas.
Je nommai le cochon par son nom ; pourquoi pas ?
Guichardin a nommé le Borgia, Tacite
Le Vitellius. Fauve, implacable, explicite,
J'ôtai du cou du chien stupéfait son collier
D'épithètes ; dans l'herbe, à l'ombre du hallier,
Je fis fraterniser la vache et la génisse,
L'une étant Margoton et l'autre Bérénice.
Alors, l'ode, embrassant Rabelais, s'enivra ;
Sur le sommet du Pinde on dansait Ça ira ;
Les neuf muses, seins nus, chantaient la Carmagnole ;
L'emphase frissonna dans sa fraise espagnole ;
Jean, l'ânier, épousa la bergère Myrtil.
On entendit un roi dire : Quelle heure est-il ?
Je massacrai l'albâtre, et la neige, et l'ivoire ;
Je retirai le jais de la prunelle noire,
Et j'osai dire au bras : Sois blanc, tout simplement.
Je violai du vers le cadavre fumant ;
J'y fis entrer le chiffre. Ô terreur ! Mithridate
Du siège de Cyzique eût pu citer la date.
Jours d'effroi ! les Laïs devinrent des catins.
Force mots, par Restaut peignés tous les matins,
Et de Louis quatorze ayant gardé l'allure,
Portaient encor perruque ; à cette chevelure
La Révolution, du haut de son beffroi,
Cria : Transforme-toi ! c'est l'heure. Remplis-toi
De l'âme de ces mots que tu tiens prisonnière !
Et la perruque alors rugit, et fut crinière.
Liberté ! c'est ainsi qu'en nos rébellions,
Avec des épagneuls nous fîmes des lions,
Et que, sous l'ouragan maudit que nous soufflâmes,
Toutes sortes de mots se couvrirent de flammes.
J'affichai sur Lhomond des proclamations.
On y lisait : « Il faut que nous en finissions !
Au panier les Bouhours, les Batteux, les Brossettes !
À la pensée humaine ils ont mis les poucettes.

Aux armes, prose et vers ! formez vos bataillons !
Voyez où l'on en est : la strophe a des bâillons,
L'ode a les fers aux pieds, le drame est en cellule.
Sur le Racine mort le Campistron pullule ! »
Boileau grinça des dents ; je lui dis : Ci-devant,
Silence ! et je criai dans la foudre et le vent :
Guerre à la rhétorique et paix à la syntaxe !
Et tout quatrevingt-treize éclata. Sur leur axe,
On vit trembler l'athos, l'ithos et le pathos.
Les matassins, lâchant Pourceaugnac et Cathos,
Poursuivant Dumarsais dans leur hideux bastringue,
Des ondes du Permesse emplirent leur seringue.
La syllabe, enjambant la loi qui la tria,
Le substantif manant, le verbe paria,
Accoururent. On but l'horreur jusqu'à la lie.
On les vit déterrer le songe d'Athalie ;
Ils jetèrent au vent les cendres du récit
De Théramène ; et l'astre Institut s'obscurcit.
Oui, de l'ancien régime ils ont fait tables rases,
Et j'ai battu des mains, buveur du sang des phrases,
Quand j'ai vu, par la strophe écumante et disant
Les choses dans un style énorme et rugissant,
L'Art poétique pris au collet dans la rue,
Et quand j'ai vu, parmi la foule qui se rue,
Pendre, par tous les mots que le bon goût proscrit,
La lettre aristocrate à la lanterne esprit.
Oui, je suis ce Danton ! je suis ce Robespierre !
J'ai, contre le mot noble à la longue rapière,
Insurgé le vocable ignoble, son valet,
Et j'ai, sur Dangeau mort, égorgé Richelet.
Oui, c'est vrai, ce sont là quelques-uns de mes crimes.
J'ai pris et démoli la bastille des rimes.
J'ai fait plus : j'ai brisé tous les carcans de fer
Qui liaient le mot peuple, et tiré de l'enfer
Tous les vieux mots damnés, légions sépulcrales ;
J'ai de la périphrase écrasé les spirales,
Et mêlé, confondu, nivelé sous le ciel

L'alphabet, sombre tour qui naquit de Babel ;
Et je n'ignorais pas que la main courroucée
Qui délivre le mot, délivre la pensée.

Victor HUGO, *Les Contemplations*, livre premier, VII.

QUESTIONS

1. Montrez que ce texte revêt un ton humoristique, et même comique.

2. Montrez que, pour Victor Hugo, le fait de bousculer cette pesante tradition fait écho à ses idées politiques.

3. Citez d'autres professions de foi de notre histoire littéraire où une esthétique nouvelle transgresse un usage établi de la langue littéraire.

Sujet de type bac

QUESTIONS

1. Faites la part du dialogue et du monologue dans les textes du corpus. Dans quelle mesure cette répartition est-elle due au genre du texte ? au thème de la révolte ? à la personnalité du « révolté » ?

2. Quel est le texte qui vous paraît avoir la plus grande portée ? Justifiez votre réponse.

DISSERTATION

Albert Camus écrit, dans *L'Homme révolté* : « Cette folle générosité est celle de la révolte, qui donne sans tarder sa force d'amour et refuse sans délai l'injustice. Son honneur est de ne rien calculer. La révolte prouve par là qu'elle est le mouvement même de la vie. » Dans quelle mesure les textes du corpus vous paraissent-ils illustrer cette assertion ?

COMMENTAIRE

Étudiez le monologue de Figaro, en analysant la colère du héros, le dynamisme de son monologue, mais aussi la critique sociale qu'il exprime.

SUJET D'INVENTION

Modifiez la scène de *Germinal* en imaginant qu'un autre personnage du roman, La Maheude, se mêle à la conversation en invoquant Dieu et en rapportant les paroles du curé selon lequel, au Jugement dernier, les derniers dans ce monde seraient les premiers.

UNE FARCE DIABOLIQUE

Contemporain de Molière, B. A., sieur de Rochemont, rédige un réquisitoire violent et méthodique contre le dramaturge, que les dévots avaient déjà à l'œil depuis *L'École des femmes*. La condamnation y est sans appel : « Sa farce, après l'avoir bien considérée, est vraiment diabolique, et vraiment diabolique est son cerveau. »

Ce sont ces quatre sortes d'impiétés que Molière a étalées dans sa pièce et qu'il a partagées entre le maître et le valet. Le maître est athée et hypocrite, et le valet est libertin et malicieux. L'athée se met au-dessus de toutes choses et ne croit point en Dieu ; l'hypocrite garde des apparences et au fond il ne croit rien. Le libertin a quelque sentiment de Dieu, mais il n'a point de respect pour ses ordres ni de crainte pour ses foudres ; et le malicieux raisonne faiblement et traite avec bassesse et en ridicule les choses saintes. Voilà ce qui compose la pièce de Molière. Le maître et le valet jouent la Divinité différemment : le maître attaque avec audace, et le valet se rit du foudre qui le rend redoutable ; le maître porte son insolence jusqu'au trône de Dieu, et le valet donne du nez en terre et devient camus avec son raisonnement : le maître ne croit rien, et le valet ne croit que le Moine bourru. Et Molière ne peut parer au juste reproche qu'on lui peut faire d'avoir mis la défense de la religion dans la bouche d'un valet impudent, d'avoir exposé la foi à la risée publique, et donné à tous ses auditeurs des idées du libertinage et de l'athéisme, sans avoir eu soin d'en effacer les impressions. Et où a-t-il trouvé qu'il fût permis de mêler les choses saintes avec les profanes, de confondre la créance des mystères avec celle du Moine bourru, de parler de Dieu en bouffonnant et de faire une farce de la religion ? Il devait pour le moins susciter quelque acteur pour soutenir la cause de Dieu et défendre sérieusement ses intérêts. Il fallait réprimer l'insolence du maître et du valet et réparer l'outrage qu'ils faisaient à la majesté divine ; il fallait établir par de solides raisons les vérités qu'il décrédite par des railleries ; il fallait étouffer les mouvements d'impiété que son athée fait naître dans les esprits. Mais le foudre ? – Mais le foudre est un foudre en peinture, qui n'offense point le maître et qui fait rire le valet, et je ne crois pas qu'il fût à propos, pour l'édification de l'auditeur, de se gausser du châtiment de tant de crimes, ni qu'il y eût sujet à Sganarelle de railler en voyant son maître foudroyé, puisqu'il était complice de ses crimes et le ministre de ses infâmes plaisirs.

Observations sur une comédie de Molière intitulée Le Festin de pierre, par
    B. A., Sr. D. R., avocat au parlement, Paris, N. Pépingué, 1665.

DOM JUAN ACTEUR

Jean Rousset rappelle que l'inconstance de Dom Juan est un thème baroque fondamental, et que le héros n'est pas sans rappeler, dans sa façon de se jouer des autres, d'autres grands personnages moliéresques.

Ici se pose, dans la perspective que j'ai adoptée, une dernière question : le *Dom Juan* est-il, ainsi qu'on a pu le prétendre, un accident dans la carrière de Molière, un corps étranger dans son œuvre ?
Il existait, entre Molière et un thème reçu du Baroque, sinon une affinité totale, du moins une zone de contact : la théâtralité, le goût du jeu dans le jeu, le déguisement, le masque. L'une des dominantes de l'œuvre, ce sont *les* alternances de la mascarade et du démasquage, de l'envol dans l'illusion et du retour à la réalité. Ses créatures sont pourvues d'un don aux multiples formes, le don propre au comédien d'entrer, à volonté ou sans le savoir, dans un personnage et d'en jouer le rôle, de se donner à soi-même ou aux autres, la comédie. Du *Cocu imaginaire* au *Malade imaginaire*, Molière multiplie les « imaginaires », *les* virtuoses en l'art de construire et souvent d'imposer une image d'eux-mêmes ; comédiens de bonne ou de mauvaise foi, ils donnent pour vrai, les uns ce qu'ils croient réel, les autres ce qu'ils font croire réel.

De ces deux races de déguisés, celle des Jourdains et celle des Scapins, on voit bien à laquelle appartient de droit Don Juan[1], bien qu'il ne soit ni valet, ni jeune amoureux monteur de stratagèmes ; sa place est parmi les comédiens maîtres de leur jeu et imposant un personnage dont ils ne sont pas dupes. Mais c'est surtout avec quelques-unes des grandes créations de Molière en ses années centrales, contemporaines de *Dom Juan*, qu'éclatent les affinités ; avec Alceste[2], dont il partage la solitude provocante, l'égocentrisme, le défi jeté au genre humain ; avec Tartuffe, dont il se fait, très légitimement, le sosie ; avec le Jupiter d'Amphitryon[3], aventurier suprême, Don Juan de l'Olympe, virtuose sans égal de l'inconstance et du déguisement ; car Jupiter ne se comporte pas autrement avec Alcmène que le Don Juan de Tirso avec Isabelle ou Anna, séduisant la femme sous les traits de l'époux dont il est en mesure de revêtir les traits avec une perfection qui n'appartient qu'à lui ; comme tous les Don Juan, Jupiter est l'homme aux « mille cœurs » et il est, par-dessus tout, le comédien fait dieu, le Mascarille de la haute mythologie. Lui non plus n'est pas un étranger dans l'œuvre de Molière. Il y donne la main à Don Juan qui s'y trouve en bonne et nombreuse compagnie. Comment Molière n'aurait-il pas fait siens ces merveilleux acteurs ?

Jean Rousset, *L'Intérieur et l'extérieur, entre baroque et romantisme*, « Don Juan ou les métamorphoses d'une structure », José Corti, 1968.

DON JUAN ABSURDE ?

Albert Camus, réfléchissant sur la quête sans fin de Don Juan qui ne croit pas « au sens profond des choses », l'oppose à ceux qui, comme les saints ou les amants passionnés, ont soif d'absolu.

---

1. Une convention veut que l'on écrive *Dom Juan* à propos de Molière et *Don Juan* dans les autres cas.
2. Héros du *Misanthrope*.
3. Zeus, le maître des dieux, prend l'apparence d'Amphitryon pour séduire Alcmène, l'épouse de celui-ci.

S'indigne-t-on assez (ou ce rire complice qui dégrade ce qu'il admire) des discours de Don Juan et de cette même phrase qui sert pour toutes les femmes ? Mais pour qui cherche la quantité des joies, seule l'efficacité compte. Les mots de passe qui ont fait leurs preuves, à quoi bon les compliquer ? Personne, ni la femme, ni l'homme, ne les écoute, mais bien plutôt la voix qui les prononce. Ils sont la règle, la convention et la politesse. On les dit, après quoi le plus important reste à faire. Don Juan s'y prépare déjà. Pourquoi se poserait-il un problème de morale ? Ce n'est pas comme le Mañara de Milosz par désir d'être un saint qu'il se damne. L'enfer pour lui est chose qu'on provoque. À la colère divine, il n'a qu'une réponse et c'est l'honneur humain : « J'ai de l'honneur, dit-il au Commandeur, et je remplis ma promesse parce que je suis chevalier. » Mais l'erreur serait aussi grande d'en faire un immoraliste. Il est à cet égard « comme tout le monde » : il a la morale de sa sympathie ou de son antipathie. On ne comprend bien Don Juan qu'en se référant toujours à ce qu'il symbolise vulgairement : le séducteur ordinaire et l'homme à femmes. Il est un séducteur ordinaire. À cette différence près qu'il est conscient et c'est par là qu'il est absurde. Un séducteur devenu lucide ne changera pas pour autant. Séduire est son état. Il n'y a que dans les romans qu'on change d'état ou qu'on devient meilleur. Mais on peut dire qu'à la fois rien n'est changé et tout est transformé. Ce que Don Juan met en acte, c'est une éthique de la quantité, au contraire du saint qui tend vers la qualité. Ne pas croire au sens profond des choses, c'est le propre de l'homme absurde. Ces visages chaleureux ou émerveillés, il les parcourt, les engrange et les brûle. Le temps marche avec lui. L'homme absurde est celui qui ne se sépare pas du temps. Don Juan ne pense pas à « collectionner » les femmes. Il en épuise le nombre et avec elles ses chances de vie. Collectionner, c'est être capable de vivre de son passé. Mais lui refuse le regret, cette autre forme de l'espoir. Il ne sait pas regarder les portraits.

Est-il pour autant égoïste ? À sa façon sans doute. Mais là encore, il s'agit de s'entendre. Il y a ceux qui sont faits pour vivre et ceux qui sont faits pour aimer. Don Juan du moins le dirait volontiers. Mais ce serait par un raccourci comme il peut en choisir. Car l'amour dont on parle ici est paré des illusions de l'éternel. Tous les spécialistes de la passion nous l'apprennent, il n'y a d'amour éternel que contrarié. Il n'est guère de passion sans lutte. Un pareil amour ne trouve de fin que dans l'ultime contradiction qui est la mort. Il faut être Werther ou rien. Là encore, il y a plusieurs façons de se suicider dont l'une est le don total et l'oubli de sa propre personne. Don Juan, autant qu'un autre, sait que cela peut être émouvant.

Mais il est un des seuls à savoir que l'important n'est pas là. Il le sait aussi bien, ceux qu'un grand amour détourne de toute vie personnelle s'enrichissent peut-être, mais appauvrissent à coup sûr ceux que leur amour a choisis. Une mère, une femme passionnée, ont nécessairement le cœur sec, car il est détourné du monde. Un seul sentiment, un seul être, un seul visage, mais tout est dévoré. C'est un autre amour qui ébranle Don Juan, et celui-là est libérateur. Il apporte avec lui tous les visages du monde et son frémissement vient de ce qu'il se connaît périssable. Don Juan a choisi d'être rien.

Albert CAMUS, *le Mythe de Sisyphe*,
« Le Donjuanisme », © Éditions Gallimard, 1942.

DON JUAN OU LA PASSION DU JEU

Marcel Jouhandeau voit le ressort du personnage dans l'ivresse qu'il ressent à mettre la main sur un être.

Dans l'amour, ce n'est pas la part du cœur ni dans le plaisir la part des sens, encore moins de la sexualité qui intéressent Don Juan au premier chef. Ce qui lui importe, c'est de toujours porter son regard et sa main ailleurs, plus loin, où on l'attend le moins, où il est le plus imprévu, sa main, « cette Main » intérieure, main mise de tout son être sur un être, sur chaque être, sur tous les êtres désirables tour à tour, chacun à son tour. Plus l'aventure est difficile à bien mener humainement, périlleuse, mortellement dangereuse, plus le succès exige d'intuitions géniales, de calculs minutieux, de subtilité, de souplesse, plus il nécessite une tactique, un art des approches, de l'assaut et du siège, plus Don Juan est à son affaire et content. Tact, prestesse, il ne négligera rien et triomphera de tout.

La gageure dans le jeu, c'est d'obéir à la cadence et qu'elle soit folle : perdre pied, reprendre pied ; saut hâtif dans l'inconnu ; premier battement, aucun retard à toucher terre ; deuxième battement, avant de rebondir dans le vide. Les virtuoses ont quelques mérites ; créateur de rythmes toujours plus rapides et violents, nouveaux, on a droit à une admiration sans bornes. À cette échelle, rien de plus grave que le Plaisir. Il est le prix d'une victoire, achetée chèrement.

Don Juan peut faire n'importe quoi, rien de ce qu'il fait n'est la même chose qu'un autre et personne au monde ne l'entend sans se méprendre un peu. Il parle toujours d'autre chose que ce qu'on croit, de ce qu'il est seul à savoir. La braise qui le dévore, en l'illuminant, le fait sourire. L'alacrité de son imagination est incomparable, aussi bien que l'orgueil de sa volonté. Au moins a-t-il la jeunesse de vivre comme 10 000 au cœur de l'embûche et grâce à un sortilège qui est son privilège, voilà bien plus de soixante ans qu'il a vingt ans.

Marcel JOUHANDEAU, *Bréviaire - Portrait de Don Juan- Amours*,
© Éditions Gallimard, 1981.

DON JUAN, « REFLET INVERSÉ DE TRISTAN »

Denis de Rougemont souligne la nécessaire présence du mythe de Don Juan, dans la mesure où – tel « Lucifer par rapport à la Création » – il s'oppose à la tradition occidentale de l'amour courtois.

Comme on voit, en fermant les yeux, une statue noire à la place de la blanche que l'on vient de considérer, l'éclipse du mythe devait faire apparaître l'antithèse absolue de Tristan. Si Don Juan n'est pas, historiquement, une invention du dix-huitième, du moins ce siècle a-t-il joué par rapport à ce personnage le rôle exact de Lucifer par rapport à la Création, dans la doctrine manichéenne : c'est lui qui a donné sa figure au *Tenorio* de Molina, et qui lui a imprimé pour toujours ces deux traits si typiques de l'époque : la noirceur et la scélératesse. Antithèse vraiment parfaite des deux vertus de l'amour chevaleresque : la candeur et la courtoisie.

Il me semble que la fascination qu'exerce sur le cœur des femmes et sur l'esprit de certains hommes le personnage mythique de Don Juan peut s'expliquer par sa nature infiniment contradictoire.

Don Juan, c'est à la fois l'espèce pure, la spontanéité de l'instinct, et l'esprit pur dans sa danse éperdue au-dessus de la mer des possibles. C'est l'infidélité perpétuelle, mais c'est aussi la perpétuelle recherche d'une femme unique, jamais rejointe par l'erreur inlassable du désir. C'est l'insolente avidité d'une jeunesse renouvelée à chaque rencontre, et c'est aussi la secrète faiblesse de celui qui ne peut pas posséder, parce qu'il n'est pas assez pour avoir…

Mais cela nous entraînerait à quelques développements qu'il vaut mieux réserver pour plus tard. Considérons ici le Don Juan du théâtre comme le reflet inversé de Tristan.

Le contraste est d'abord dans l'allure extérieure des personnages, dans leur rythme. On imagine Don Juan toujours dressé sur ses ergots, prêt à bondir quand par hasard il vient de suspendre sa course. Au contraire, Tristan vient en scène avec l'espèce de lenteur somnambulique de celui qu'hypnotise un objet merveilleux, dont il n'aura jamais épuisé la richesse. L'un posséda mille et trois femmes, l'autre une seule femme. Mais c'est la multiplicité qui est pauvre, tandis que dans un être unique et possédé à l'infini se concentre le monde entier. Tristan n'a plus besoin du monde – parce qu'il aime ! Tandis que Don Juan, toujours aimé, ne peut jamais aimer en retour. D'où son angoisse et sa course éperdue.

L'un recherche dans l'acte d'amour la volupté d'une profanation, l'autre accomplit en restant chaste la « prouesse » divinisante. La tactique de Don Juan, c'est le viol, et aussitôt remportée la victoire, il abandonne le terrain, il s'enfuit. Or la règle de l'amour courtois faisait du viol précisément le crime des crimes, la félonie sans rémission ; et de l'hommage un engagement jusqu'à la mort. Mais Don Juan aime le crime en soi, et par là se rend tributaire de la morale dont il abuse. Il a grand besoin qu'elle existe pour trouver goût à la violer. Tristan, lui, se voit libéré du jeu des règles, des péchés et des vertus, par la grâce d'une vertu qui transcende le monde de la Loi.

Enfin tout se ramène à cette opposition : Don Juan est le démon de l'immanence pure, le prisonnier des apparences du monde, le martyr de la sensation de plus en plus décevante et méprisable – quand Tristan est le prisonnier d'un au-delà du jour et de la nuit, le martyr d'un ravissement qui se mue en joie pure à la mort. On peut noter encore ceci : Don Juan plaisante, rit très haut, provoque la mort lorsque le Commandeur lui tend la main, au dernier acte de Mozart, rachetant par cet ultime défi des lâchetés qui eussent déshonoré un véritable chevalier. Tristan, mélancolique et courageux, n'abdique au contraire son orgueil qu'à l'approche de la mort lumineuse.

Je ne leur vois qu'un trait commun : tous deux ont l'épée à la main.

Denis de ROUGEMONT, *Le Mythe dans la littérature*,
« L'Amour et l'Occident », livre IV, Plon, 1939.

LIRE, VOIR, ENTENDRE

BIBLIOGRAPHIE

Sur Molière

– Claude BOURQUI, *Les Sources de Molière. Un répertoire critique*, SEDES, 1999.

– Gabriel CONESA, *Le Dialogue moliéresque ; étude stylistique et dramaturgique*, PUF, 1983 ; rééd. SÉDES-CDU, 1992.

– Patrick DANDREY, *Molière ou l'esthétique du ridicule*, Klincksieck, « BHT », 1992.

– Gérard DEFAUX, *Molière ou les métamorphoses du comique*, Klincksieck, « BHT », 1992.

– Georges FORESTIER, *Molière*, Bordas, « En toutes lettres », 1990.

– Jacques GUICHARNAUD, *Molière, une aventure théâtrale*, Gallimard, 1963.

Sur *Dom Juan*

– Collectif, Dom Juan *de Molière : le défi*, Ellipses, 1981.

– Patrick DANDREY, Dom Juan *ou la Critique de la raison comique*, Champion, 1993.

– Axel PREISS, *Le Mythe de Don Juan*, Bordas, 1985.

– Jean ROUSSET, *Le Mythe de Don Juan*, Armand Colin, « U Prisme », 1978.

FILMOGRAPHIE

– Marcel BLUWAL, adaptation télévisée de *Dom Juan*, 1965.

– Joseph LOSEY, adaptation cinématographique de *Don Giovanni* de Mozart, 1979.

– Jacques WEBER, adaptation cinématographique de *Dom Juan*, 1998.

LES MOTS DE *DOM JUAN*

Affaire : 1. Préoccupation, souci. – 2. Différend, procès, duel.

Amant : qui aime et est aimé en retour, sans qu'il y ait nécessairement de relation charnelle.

Amuser, s'amuser : 1. Se distraire. – 2. Tromper, détourner l'attention.

Caresser : 1. Faire des démonstrations d'amitié. – 2. Courtiser une femme, flatter.

Chaleur : 1. Ardeur, zèle, empressement, fougue. – 2. Emportement, colère.

Cœur : 1. Âme, par opposition à l'intelligence ou à la raison. – 2. Courage. – 3. Sentiments, amour.

Disputer : débattre, argumenter, discuter.

Éclat : 1. Manifestation bruyante d'un sentiment (joie, colère). – 2. Scandale.

Engagement : 1. Obligation. – 2. Liaison (affaires, cœur).

Engager : 1. Obliger, contraindre. – 2. Attacher, inspirer de l'amour. *Être engagé* : être enchaîné par les liens du mariage.

Fièrement : 1. Avec hauteur. – 2. Avec colère.

Gloire : 1. Honneur rendu au mérite et à la vertu ; réputation éclatante. – 2. Sentiment élevé de l'honneur, de la dignité.

Qualité : noblesse de naissance et d'un rang supérieur. *Une personne de qualité* est celle dont la noblesse est ancienne et illustre.

Tendresse : passion amoureuse. « Quand on dit : *J'ai de la tendresse pour vous*, c'est-à-dire : *J'ai beaucoup d'amour* » (Furetière).

LES TERMES DE CRITIQUE

Bienséances : règles qui prohibent certaines scènes ou expressions susceptibles de choquer le goût ou la morale des spectateurs.

Dramaturgie : esthétique et technique d'un auteur de théâtre.

Métaphorique : qui exprime au moyen d'un terme concret, par transfert de sens, une idée abstraite. Dans l'expression *signification métaphorique*, synonyme de symbolique.

Pathétique : qui provoque une vive émotion, en particulier de la compassion.

Protagoniste : personnage principal d'une histoire.

Rhétorique : art de la parole, qui permet de convaincre et de séduire un auditoire.

Sentence : formule frappante, qui tend à exprimer un précepte ou une vérité définitive. Ex. : « la naissance n'est rien où la vertu n'est pas » (IV, 4).

Tirade : réplique longue, par rapport à son contexte.

Unités : règle fondamentale de la doctrine classique, qui vise au resserrement de l'action. L'unité d'action exige qu'une pièce présente une action principale ; l'unité de temps veut qu'elle se déroule en vingt-quatre heures, et l'unité de lieu, qu'elle se passe en un même lieu, sans changement de décor.

Vraisemblance : notion relative, mais capitale dans la dramaturgie classique. Conformité d'une action ou des mœurs d'un personnage avec l'idée que le public se fait du réel.

POUR MIEUX EXPLOITER LES QUESTIONNAIRES

RUBRIQUES	PAGES				
	ACTE I	ACTE II	ACTE III	ACTE IV	ACTE V
DRAMATURGIE	37, 50		93, 94		124, 125, 126
GENRES		71			125, 126
MISE EN SCÈNE	44, 49	66, 71	82	101, 105	119
PERSONNAGES	44, 49, 50	62, 66, 71 73	82, 93, 94	101, 108 112, 113	119, 124, 126
REGISTRES ET TONALITÉS	37, 49	57, 66	89	101, 105 108, 112, 113	
SOCIÉTÉ		62, 73	79, 82, 89	101	125, 126
STRATÉGIES	37, 44	57, 62	79	105, 108	
STRUCTURE		73	94	108, 113	
THÈMES	44		79	105	119

TABLE DES MATIÈRES

L'UNIVERS DE L'ŒUVRE

ANNEXES

Les photographies de cette édition sont tirées des mises en scène suivantes :
Mise en scène de Louis Jouvet, décor et costumes de Christian Bérard, théâtre de l'Athénée, 1947. – Mise en scène d'Antoine Vitez, décor et costumes de Claude Lemaire, théâtre des Quartiers d'Ivry au théâtre de l'Athénée, 1978. – Mise en scène de Roger Planchon, décor de Ezio Frigerio, costumes de Jacques Schmidt, théâtre national de l'Odéon, 1980. – Mise en scène de Maurice Bénichou, décor de Jean Guy Lecat, costumes de Françoise Tournafond, compositeur : Marius Constant, théâtre des Bouffes du Nord, 1984. – Mise en scène de Benno Besson, décor et costumes d'Ezio Toffoluti, Maison des Arts de Créteil, 1987. – Mise en scène de Jacques Lassalle, décor et costumes de Rudy Sabounghi, Comédie-Française, 1993. – Mise en scène de Colette Roumanoff, théâtre Fontaine, 2003.

COUVERTURE : Ruggiero Raimondi dans *Don Giovanni*, de Joseph Losey, 1979.

CRÉDITS PHOTO :
Couverture : Ph. © Photo12.com-Collection Cinéma – p. 2 : © Pascal Victor / ArtComArt – p. 3 ht : © Victor Tonelli /ArtComArt – p. 3 bas : Ph. © Martine Voyeux/Editing/T – p. 4 : Ph. © P. Coqueux/Specto/T – p. 5 : Ph. © P. Coqueux/Specto/T – p. 6 ht : © Pascal Victor / ArtComArt – p. 6 bas : Ph. © C. Lê-Ahn/Compagnie Colette Roumanoff – p. 7 : Ph. © Norbert Perreau/INA/T – p. 8 : Ph. © C. Lê-Ahn/Compagnie Colette Roumanoff – p. 9 ht : © Daniel Cande / BNF – p. 9 bas : Ph. © C. Bricage/T – p. 10 : © Raymond Delalande / Sipa – p. 11 : Ph. © P. Coqueux/Specto/T – p. 12 : Ph. © Musée des Beaux-Arts de Strasbourg/T – p. 13 : Ph. © N. Perreau/INA – p. 14 : Ph. © Photos12.com-Collection Cinéma – p. 15 : Ph. © Coll TCD – p. 16 : Ph. © P. Coqueux/Specto/T – p. 20 : Ph. Coll Archives Larbor – p. 30 : Ph. L. Joubert © Archives Larbor.

Direction éditoriale : Pascale Magni – *Coordination* : Franck Henry – *Édition* : Clémence Cornu – *Révision des textes* : Lucie Martinet – *Iconographie* : Christine Varin – *Maquette intérieure* : Josiane Sayaphoum – *Fabrication* : Jean-Philippe Dore – *Compogravure* : PPC.

© Bordas, Paris, 2015 – ISBN : 978-2-04-735371-4

Imprimé en France par Laballery – N° de projet : 10213937 – Dépôt légal 1re éd. : juillet 2003
Dépôt légal : juillet 2015 - N° d'impression : 505209